KB153311

인생에
기적을 일으킨다

Miracle of mind pynamics

인생에 기적을 일으킨다

1판 1쇄 인쇄 1997년 09월 10일
1판 1쇄 발행 1997년 09월 20일
3판 4쇄 발행 2021년 11월 20일
4판 1쇄 발행 2024년 02월 20일

지 은 이 조셉 머피
옮 긴 이 미래경제연구회 · 이선종
편집주간 장상태
편집기획 김범석
디 자 인 정은영

발 행 인 김영길
펴 낸 곳 도서출판 선영사
주 소 서울시 마포구 서교동 485-14 영진빌딩 1층
Tel 02-338-8231~2 Fax 02-338-8233
E-mail sunyoungsa@outlook.kr

등 록 1983년 6월 29일 (제02-01-51호)

ISBN 978-89-7558-361-2 13300

인생에
기적을 일으킨다

Miracle of mind Dynamics

조셉 머피 지음 / 미래경제연구회·이선종 옮김

도서출판 선영사

이 책은 당신에게 어떤 기적을 줄까?

인류 역사를 살펴보면 이 지구상의 많은 사람은 성공과 실패를 거듭해 왔으며, 지금도 마찬가지이다. 왜 그럴까?

그 근본적인 원인은 사람들의 내부에 있는 무한한 힘을 어떻게 사용했느냐에 있었다고 볼 수 있다.

인간의 잠재력은 무한하다. 이 무한한 잠재력은 누구에게나 무한한 가능성을 약속하고 있다. 세계적으로 유명한 마인드Mind의 과학자이며 성직자인 머피 박사는 지금까지 30여 년 동안 국내외에서 마음의 기적을 일으키는 힘에 대해 가르치거나 글을 써왔다.

그는 자신이 직접 가르치거나 자신이 쓴 이 책을 읽은 수많은 사람이 마음의 무한한 힘을 사용한 결과 그들의 삶에 다음과 같은 변화가 있었음을 똑똑히 목격했다.

첫째, 풍부한 부.

둘째, 불치병에 대한 치유.

셋째, 새로운 활력과 삶에 대한 열정.

넷째, 행복한 생활.

다섯째, 명성이 높아짐.

이러한 힘을 사용한 사람들은 다양하다. 예를 들면 어린이·교수·과학자·주부·배우 등을 비롯하여 이외에도 수없이 많다. 이 책을 읽는 당신도 그중의 한 명이 될 수 있다.

그들의 공통점은 실패·좌절·절망의 상태에서 매우 현실적인 무한의 힘을 발견하였다는 데 있다. 그것은 더군다나 그들이 당면하고 있는 문제를 해결하고, 경제적·감정적인 어려움에서 벗어나게 하며, 부·풍요·명성 등을 누릴 수 있도록 또 다른 기회를 주었다. 그래서 그들은 모두가 완전한 상을 누리기 위한 정성을 찾을 수 있었다.

당신도 마음을 활짝 열라. 그리고 간절히 원하라. 경제적인 문제뿐만 아니라, 마음의 고뇌로 혼미해진 당신의 인생은 확 변하게 될 것이다. 그리고 순풍에 돛 단 듯한 생활이 펼쳐질 것이다. 나 자신도 어려운 상황에 처해 있을 때 머피 박사의 이 책을 읽고 다시 설 수 있었다.

무엇보다 이 책의 가장 커다란 특징은 당신에게 부딪치게 될 어떠한 문제도 극복할 수 있는 방법을 제시할 것이다.

따라서 이 책에서 제시하는 특별한 기술을 사용함에 따라 보다 풍요하고 보다 멋진 삶을 살 수 있게 될 것이다. 당신도 구하라. 그러면 기적이 일어날 것이다.

옮긴이

이 책은 당신을 위하여 무엇을 할까?

인생에 있어서 당신이 원하는 것은 무엇이나 얻을 수 있다는 것을 확신하라. 당신에게는 광대무변한 힘이 있고, 그것이 당신의 꿈을 비롯하여 모든 것을 달성해 주기 때문이다.

이 광대무변한 힘은 이 세상에 있어서 가장 위대한 힘이기도 하다. 당신은 당신의 몸을 치유하기 위하여, 그리고 사업이나 직업의 세계에 있어서 번영을 이루기 위하여 이 힘을 사용할 수 있다.

바로 이 광대무변한 힘은, 당신을 유도하며 지도하며 좋은 친구 또는 동료를 당신에게 접근시켜 주며, 당신에게 숨겨진 재능을 끌어내어 당신이 무한한 번영을 거둘 수 있도록 도와준다. 또한 그것은 유가증권, 자동차, 비행기와 같은 동산을 만들거나 팔 때 작용하는 힘의 원천이 된다.

마음의 힘에 관해서는 많은 책 속에 여러 가지로 쓰여 있으나, 이 책에서는 당신의 모든 생활을 변환하기 위하여 이 힘을 어떻게 이용할 것인가, 건설적이며 성공할 수 있는 사고방식, 그리고 자신의 생활을 보다 풍족히 할 수 있는 방법 등을 기록했다.

눈부시게 변화하고 있는 현세에 있어서 평화·만족·침착 등을 달성하기 위해서는 어떻게 할 것인가를 분명하게 표시했다.

당신은 창조적인 무한의 힘을 가지고 있다. 그 힘을 이용하여 지금보다도 더욱 부자가 되고, 풍요해지고, 그리고 더욱더 새로운 것들을 만들어내는 창조적인 생활을 영위하여 보다 만족한 결과를 얻기 위해서는, 이와 같은 광대무변한 힘을 어떻게 이용할 것인가를 이 책은 당신에게 제시해 줄 것이다. 이 책을 통하여 광대무변한 힘과 접촉할 수 있는 간단한 방법을 배우고, 기적을 일으키는 그 힘을 자신의 실생활에서 사용하기 시작할 때, 당신은 새롭게 전진하는 미래를 얻을 수 있으며, 하느님과의 거리를 가까이 할 수 있다.

나는 세계 속의 몇만이라는 그 수많은 사람의 생활에서 사상을 도입하기 위하여, 그리고 또한 불화가 있는 곳에 조화를 이루게 하고, 고통이 있는 곳에 평안을, 슬픔이 있는 곳에 기쁨을, 질병이 있는 곳에 건강을, 가난이 있는 곳에 부를 이루게 하기 위하여 이 광대무변한 힘의 사용을 가르쳐 준다.

당신은 가슴 울렁이는 모험을 경험한다

당신과 나는 지혜와 능력의 보고를, 그리고 우리들 속에 있는 광대무변한 힘의 그 모든 보물을 탐험하여 깊은 그곳을 꿰뚫어 보려고 한다. 당신은 이 광대무변한 힘을 일상생활이나 개인 관계에 있어서, 또는 부부간의 문제나 가정, 직장 등에서 불화를 해소하는 데 이용하며, 그 외에 당신의 생활 그 모든 면에 있어서 이용할 수 있는 방법을 알게 될 것이다.

당신은 다른 사람이 경험한 것을 통하여 배운다

당신 자신의 생활이나 다른 모든 사람의 생활에 헤아릴 수 없을 만큼의 행운이 있게 하기 위하여 당신은 이와 같은 기적을 일으키는 힘과 접촉하는 방법, 또는 이용법을 배울 수 있다.

이 책에서 당신은 광대무변한 힘을 사용한 과학·예술·사업·산업 등에 종사하는 사람들의 이야기를 읽게 될 것이다. 그들이 지니는 최대의 소망을 어떤 방법으로 달성하였는가, 건강·행복·성공 등을 어떤 방법을 통하여 실현하였는가를 당신에게 정확히 이야기해 준다.

어떤 사람은 한장 한장의 내용은 물론이고, 이름이나 주소까지도 발표해도 좋다는 것을 허락해 주었다. 그 외의 경우에는 개인의 비밀을 지켜주기 위해 가명을 이용하였음을 밝혀둔다.

한 발자국 한 발자국 내가 가르치는 방법을 따라 전진하라. 그러면 이 책에 소개되는 그 모든 사람과 마찬가지로 당신이 바라고 있는 그 이상의 꿈을 현실화해 줄 것이다.

이 책의 목적

이 책은 당신에게 간단하고 실제적인 태도, 일반적인 용어 등으로 보다 살림이 넉넉한 생활, 보다 만족한, 그리고 보다 빛나는 생활 영위의 방법을 가르칠 것을 그 목적으로 하고 있다. 그러기 위하여 당신이 해야 할 일은 단지 당신 속에 내재하는 광대무변한 힘을 이용하는 일뿐이다. 광대무변한 그 힘은 언제나 이용되기를 원하고 있으며, 당신이 명령 내려주기를 고대하고 있다.

자기 바깥 세계만을 관찰하는 일을 중단하라. 자기 외부의 세계를 보고, 관찰하고, 광대무변한 힘과의 불가사의한 접촉을 개시하라. 당신이 당신의 태도와 마음가짐을 바꿀 때 당신의 세계에는 변화가 일어난다.

이 책 속에서 당신은 언젠가 한 번쯤 이루어보고 싶었던 성공으로 이르는 열쇠를 찾아낼 수 있을 것이다.

이 책에 소개된 방법이나 프로그램을 사용하여, 내가 과거 30년 동안에 걸쳐 쓰거나 강연해온 정신적, 영적인 법칙을 당신은 사용할 수 있다. 이 책 각 쪽에 제시된 방법이나 과정은 이미 몇만이라는 사람들에게 지도해 온 방법이며 과정이다. 당신이 건강이나 번영, 또는 행복이나 마음의 평화를 경험할 수 있도록 그 방법과 과정을 도와줄 것이다.

당신은 온종일 무엇인가를 생각하고 있을 것이다. 따라서 당신은 자기 자신의 미래에 대한 발명가이다. 당신의 사고방식이나, 사고의 형태를 바꿀 때 당신은 또한 당신의 운명을 바꿀 수 있다.

각 장에 요점만을 말한 위대하고 광대무변한 진리를 연구하고 적용한다는 것은 결과적으로 보다 효과적인 보답으로 나타날 것이다.

그런 뒤에는 보다 풍부한 경험을 하게 될 것이다. 지금 곧 당신 자신의 생활 형태, 또는 그 방법을 자유화하는 데 전력하라. 자기 자신의 자유화, 그것만이 당신의 인생을 보다 윤택하게 하는 지름길인 동시에 삶의 원천이다.

또한 성취·완성·승리 등을 향하여 전진하라. 지금부터라도 곧 당신의 생활을 보다 풍요하게 하고, 또 풍부하게 경험하도록 노력하라. 인생의 행복과 불행은 당신 자신의 선택임을 잊으면 안 된다.

Contents

01 광대무변한 힘과 조화를 이루라

Miracle of mind pynamics

인간에게는 도저히 어찌할 수 없는 힘이 있다. 세계를 움직인다거나, 하늘에 반짝이는 별을 지배할 힘이 우리들 속에 있다. 자기 속에 있는 이처럼 놀라운 힘, 그러면서도 아직 이용된 일이 없는 힘과 파장波長을 맞추어온 사람들을 나는 알고 있다. 그 결과 순식간에 그 사람들의 모든 생활은 근본적으로 뒤바뀌어 버렸다. 그 변화가 어찌나 컸던지 그들의 친구들마저 그가 누구인지를 알아보지 못하고 이렇게 인사한다는 것이다.

"예전에, 나는 당신을 만난 일이 없는 것 같아요?"

"무슨 일이 있었기에 이렇게 몰라보도록 변하셨습니까?"

우리는 그 누구나 무한하게 발전할 수 있는 성질을 지니고 있다. 그리고 우리들 속에 있는 광대무변한 힘에 파장을 맞추기 시작하면 그 내부의 힘이 질병, 실패, 또는 어려운 일이나 의기소침한 그 내용, 그리고 혼돈된 외부 사정 등을 해소해 준다는 것을 알 수 있다. 또한 그것은 우리들의 육체를 치유해 주고 지도해주며 우리들을 위한 문호를 열어 슬퍼하는 우리들의 그 눈물을 닦아주며 문제를 해결할 수 있다. 그리고 우리들을 행복과 자유, 그리고 고요한 마음으로 이르는 큰 도道에 올려 준다.

이 광대무변한 마음은 우리들을 격려할 수 있다. 우리가 구하면 그 해답을 반드시 줄 것이며 또한 진실하게 자신의 인생을 걸고 승부할 수 있는 그런 장소를 찾고 있을 때는 우리는 이와 같은 근본적인 힘에 해답을 구할 수 있다.

그러면 그 힘은 우리에게 새로운 문을 열어주고, 우리들이 나아갈 길을 안내해준다. 끊임없이 이 힘과 협력해 가며 우리들의 정신이나 육체, 그리고 처리해야 할 여러 가지 일들에 그 힘을 이용할 수 있었다. 그것이 우리들의 권리이기 때문이다.

그 결과 우리들은 전진하고 고양되며 모든 면에 있어서 하느님의 방향으로 나아갈 수 있다.

마비된 팔이 나았다

나의 강연에 참여했던 일이 있는 어떤 부인이 다음과 같은 편지를 보내왔다.

> 머피 박사님.
>
> 나의 내부에 있는 무한의 힘과 연락할 수 있는 방법을 가르쳐 주신 일에 대하여 고마움을 전합니다. 그리고 그 때문에 내가 받은 멋진 해답에 대하여 어떻게 보답하여야 할지 깊은 사의를 보냅니다. 박사님이 말씀하신 하느님의 모든 힘이 우리들 자신의 마음속에 있고, 그 힘을 우리가 이용할 수

있다는 이야기. 그 힘은 수소폭탄이나 원자력, 또는 전기의 힘보다도 훨씬 위대하며 그 어떤 힘과 비교할 수 없이 강력하다는 이야기.

나는 이와 같은 박사님의 말씀을 듣고, 그것이 내 마음속에 내재하고 있다는 사실에 대하여 깊이 공감하기 시작했습니다.

근 10일 동안 저는 끊임없는 통증으로 괴로워하며, 팔을 들어 올릴 수조차 없었습니다. 때로는 너무나 심한 통증 때문에 나도 모르게 비명을 질렀습니다.

그런데 병원으로 가는 도중 박사님이 가르쳐 주신 광대무변한 힘에 파장을 맞추어 다음과 같이 긍정을 했습니다.

"내 마음속에 내재하는 전능한 힘으로 나는 인제 자유로이 팔을 움직일 수 있다."

그러자 놀랍게도 저는 전혀 통증 없이 팔을 수평으로 들어 올릴 수 있었습니다. 병원에 이르러 진찰을 받은 결과, 의사는 모든 것이 정상이라는 진단을 내렸습니다.

박사님, 저는 이제야 비로소 참된 하느님의 나라가 우리들 각자의 마음속에 있다는 것을 깨달았습니다.

—캘리포니아주 로스앤젤레스

헬렌 핸포드.

핸포드 부인은 의식적으로 자기 자신의 정신 속에 있는 이 힘을 발견했다. 그 결과 놀라운 치유 현상이 일어난 것이다.

하느님의 힘에 기꺼이 매달리라. 그리고 갖가지 기적을 당신의 생활에서 찾도록 하라.

당신은 무한한 힘을 저장하고 있다

당신은 영원히 끊이지 않는 무한대의 힘을 자기 속에 지니고 있다. 당신은 예지와 사랑과 이해력 또한 무한대로 저장하고 있다. 또한 완전한 조화와 평화, 넘칠 듯한 환희, 형언할 수 없는 아름다움, 그리고 수시로 병을 낫게 할 수 있는 힘을 가지고 있다. 다시 말해서 모든 힘, 모든 능력, 모든 에너지가 당신의 내부에서 부름을 받기를 기다리고 있다.

육군의 한 부대를 통솔하고 있는 장군은, 그 언제나 자기 명령 하나에 따라 움직여줄 인간과 장비를 가까이에 비치하고 있다. 이와 마찬가지로 당신이 당황하거나 정지하거나, 실수하거나, 두려워하거나, 실망을 느끼거나 하였을 때는, 당신의 저장고를 찾아가 정신적인 용기를 회복게 하여 신선한 예지나 진리, 아름다움 등의 새로운 보급을 꾀할 수 있다.

언제나 도움이 되는 갱신更新과 휴양

다음 편지는 인간이 자기 속에 있는 무한대의 보고로부터 어떤 방법으로 힘을 끌어낼 수 있는가를 가르치고 있다.

머피 박사님, 꼭 1년 전의 일요일 아침 제 친구가 박사님의 강연회에 나를 데리고 간 일이 있었습니다. 18년 동안의 괴로운 결혼 생활 끝에, 남편과 헤어지기 위해 이혼 서류를 제출하고 있었던 바로 그 시기였습니다. 그때 저는 패배감에 사로잡힌 데다, 정신적으로도 흐트러져 있었고, 또한 두려움 때문에 무한한 죄의식에 사로잡혀 있었으나, 지금은 끊임없이 하느님과 파장을 맞추고 있습니다. 그러자 제 생활에 기적이 일어난 것입니다.

그날 아침 박사님의 강연은, 그야말로 제가 알고 있는 문제의 급소를 찔

렀습니다. 또한 그 강연은 제 사고와 감정을 통제할 수 있는 방법을 배워야 한다는 것을 저에게 참되게 깨닫게 해주었습니다.

저는 그 이전까지는, 가족이나 친구들의 말대로, 또는 이 세상의 그 모든 부정적인 사고에 동조해 왔었지만, 박사님의 강연과 많은 책을 읽은 뒤부터 놀라운 일들이 제 생활에 일어나기 시작했다.

그때까지 써왔던 신경 약이 필요 없었으며, 일과의 일부가 되어 있었던 편두통도 거짓말처럼 사라졌습니다. 40세가 된 오늘, 이제까지의 생애에서 경험할 수 없었던 밝고 건강하고, 행복한 기분에 젖어 있습니다. 또한, 조용하면서도 적극적이며, 건전한 인생관이 이제 10대에 들어선 두 아들의 생활에도 큰 변화를 가져왔다.

저는 지금 풍요한 축복 속에 있습니다. 날마다 한순간이라도 고마움의 뜻을 잊은 적이 없습니다.

지금 모든 문호는 열려 있으며, 보다 큰마음의 평화와 번영이 제 것이 되어 있습니다.

물론 완전히 극복한 것은 아니어서 때로는 이렇다 할 이유도 없이 그 이전 불행하였던 시절의 마음의 상태로 되돌아갈 때가 없지도 않지만, 박사님이 가르쳐 주신 것에 의하여 저는 최선을 다하고 있습니다. 즉 그런 때는 조용히 앉아서 저 자신 속으로 물러나, 하느님이 찾아주시기를 기다립니다. 그러면 하느님의 평화와 사랑이 그 답이 되어 제 마음속으로 흘러들어옵니다.

박사님에게 다시 한번 진심으로 고마움을 전합니다. 주위의 영광에 눈뜨게 해준 것 정말 고맙습니다.

—캘리포니아주 로스앤젤레스

E·C. 부인.

이 부인이 끊임없이 계속하고 있다는 기도의 내용은 다음과 같다.

하느님은 존재하고 있다. 하느님의 존재는 조화·기쁨·평화·아름다움, 그리고 올바른 행동이 되어 나를 통하여 흘러들어오고 있다. 하느님의 사랑이 나의 영혼 속에 충만하고, 내가 기도할 때 기적이 일어난다.

그녀는 이와 같은 기도를 일종의 멜로디처럼 이용하여 집안을 돌보면서, 그리고 여러 가지 의무를 다하면서 자기 자신에게 들려주는 것이다. 그것은 마치 여러 가지 지시를 받기 위하여 전장의 지휘관이 수도 워싱턴의 국방성과 끊임없는 접속을 유지하는 것과 같다. 부인은 언제나 하느님과 광대무변한 힘과의 접촉을 유지하면서 훈령이나 지도, 또는 하느님의 계시를 받은 것이다.

그녀 자신의 마음은 지령하는 것에 따라 존재하였으며, 행동하고 나아갈 자유를 얻음으로써 번영된 오늘이 있게 된 것이다.

광대무변한 힘의 가르침을 받기 위하여

다음의 편지는 여행할 때 필요한 체력, 평정平靜, 무사無事 등의 근원과 어떻게 접촉을 계속할 것인가를 가르쳐 준다.

머피 박사님에게 우선 고마움을 전합니다. 사실 한 마디로는 고마움의 뜻을 다 나타낼 수는 없지만……

저는 박사님이 가르친 대로

"당신이 하느님을 향하여 바로 앉을 때 하느님 또한 당신을 향하여 바로 앉을 것이다."

이 말의 뜻을 완전히 이해하였습니다. 제가 여행을 하면서 경험한 것과 같이 제가 가고 있는 그 고장을 보다 완전하게 하기 위하여, 하느님 앞에서서 나아가고 있다는 것을 알 때 당신은 결코 외톨이가 아닙니다. 전암 상태前癌 狀態 : 그대로 방치하면 상당히 높은 율로 암으로 이행할 것이 분명하게 된 병변 상태의 환자에게서 보듯이 12월까지 몬타리를 찾아 5년 동안이나 계속해 온 뢴트겐 요법의 마무리를 짓기 위하여 돌아올 필요는 없습니다.

이제 영구히 완치되었다는 것을 저는 알고 있기 때문입니다. 그리고 많은 사람이 불치병이라고 떠들어대는 이 병은 사실 존재하지 않습니다. 단지 낫지 않는 사람들이 있을 뿐입니다.

저는 지난 7월 12일에 박사님의 고마운 편지를 받았습니다. 편지에서 박사님은 이렇게 말씀하셨습니다.

"하느님은 성스러운 자신의 사원 속에 계시면서, 아름다움으로써, 사랑으로서, 그리고 조화와 평화를 이루어 당신 속을 흐르고 있습니다. 따라서 당신의 육체 속에서, 당신은 하느님을 볼 수 있습니다."

도보 여행을 하면서 저는 줄곧 박사님의 편지를 간직하였으며, 하루에도 몇 번씩이나 되풀이하여 읽었습니다.

만약, 어떤 또 다른 사람을 구하기 위하여 이 편지가 필요할 때에는 언제든지 이용하십시오.

저도 또한 나의 보증을 해야 하는 사람들은 물론이고, 그 밖의 모든 사람을 구해 주고 싶다고 소원하고 있습니다.

아시다시피 이제 제 마음은 고마움의 뜻으로 가득합니다. 또한 박사님이 라디오 강연에서 말씀하셨듯이

"오늘은 하느님께서 만드신 하루입니다. 오늘 하루 행복하고, 그리고 기뻐하십시오."

와 같은 바로 이러한 마음으로 가득 차 있습니다.

—미세스 R.

안전한 여행을 하기 위하여

비행기·자동차·기차 등은 물론이고 그 어떤 탈 것을 이용하여 여행할 경우에 우리들의 연약한 지능을 능가하는 무한한 예지와 위대한 힘과 끊임없는 접촉이 가능하다. 다음과 같은 말을 수긍하고 이해하며 이를 긍정하도록 하라.

"내가 타고 가는 이 기차또는 비행기, 선박, 자동차는 그 어느 지점에서 또 다른 어느 지점까지 자유로이, 그리고 기쁜 마음으로 친절하게 움직이는 하느님의 의지이다. 하느님의 애정은 나에 앞서서 나아가며, 내가 가는 길을 곧바르게, 아름답게, 즐겁게, 그리고 행복한 것으로 일구어준다. 하느님의 영원한 사랑과 그 사랑의 신선한 울타리에 둘러싸이고 안기고 감싸임을 받으면서 나는 언제나 하느님이 존재하는 세계 한가운데 위치한다. 언제나 하느님의 보호를 받는 것이야말로 참된 기쁨이다."

대학 시험에 합격하는 방법

여기 또 다른 편지 한 통을 소개한다.

> 친애하는 머피 박사.
>
> 아시다시피 저는 병 때문에 몇 가지 과목에서 낙제하였습니다. 그리고 박사님이 가르쳐 주신 대로 "이제부터 시험을 보는 데 필요한 것, 그리고 내가 알아야 할 모든 것을 하느님께서 나에게 내려 주실 것이다."하고 저는 이제까지 줄곧 기도해 왔습니다.
>
> 시험은 지난주 월요일 아침에 실시되었는데, 그 전날인 일요일 밤에 꿈을 꾸었습니다.

그 꿈속에서 박사님이 나타나 물리와 화학에서 공부해야 할 부분을 자세하게 가르쳐 주었습니다.

나는 새벽 2시에 일어나 꿈속에서 박사님이 가르쳐 준 그 부분을 공부하였고, 마침내 이를 거의 외우다시피 터득하였습니다. 이로써 저는 어떤 문제에 대하여도 해답을 할 수 있게끔 된 것입니다.

시험이 끝난 뒤 한 교수님에게, 나는 내가 꾼 꿈의 이야기를 들려주었습니다. 그러자 교수님은 웃으며 농담으로 간주해 버렸습니다.

박사님의 도움을 진심으로 고마워합니다.

—캘리포니아주 비버리 힐즈 D. L.

이 소년의 잠재의식 속에 있는 무한의 영지는, 그 본래의 성질에 따라 그가 구하는 것에 답을 준 것이다.

이와 같은 무한의 영지가 소년이 꿈속에서 보았던 것과 같은 그러한 질문을 교수들에게 질문하도록 유도한 것이다.

성경에는 다음과 같은 구절이 있다.

"주된 나는 당신의 광대무변한 잠재의식의 법칙 너희 중에 선지자가 있으면 나 여호와가 이상으로 나를 그에게 알리기도 하고 꿈으로 그와 말하기도 하거니와……

민수기 제12장 6절

오랫동안 행방불명이었던 형제를 찾은 이야기

성경에 다음과 같은 구절이 있다.

"너희는 완전된 평안을 가지고 굳은 의지를 지킬 수 있다. 그는 너희를 믿고 있음으로써이다.

이사야서 제26장 3절

어떤 남자가 다음과 같은 편지를 보내온 일이 있다. 그는 20년 이상이나 자기 형제의 행방을 알지 못하여 만나지 못하고 있는 처지였다.

그러는 동안에 그들 형제에게 유산을 상속받았다. 그는 이렇듯 기쁜 뉴스를 행방을 알 수 없는 형제에게도 전하고 싶었다. 그는 편지에서 다음과 같이 말한다.

친애하는 머피 박사님

저는 박사님의 이 쓴 책《승리의 길은 열린다Open the Road of victory》를 읽고, 대단히 충격적인 인상을 받았습니다.

저는 제 마음을 이른바 무한의 영지에 집중하도록 노력하였습니다. 저는 그것을 알 수는 없었으나, 앞에서의 여러 가지 경험에 기준으로 하여 그의 진실을 확신하고 있었습니다.

바람은 눈에 보이지는 않지만, 미풍이 제 볼을 스치는 것을 느낄 수 있습니다. 저는 제 형제가 있는 곳을 가르켜 주도록 이 무한의 영지에 부탁하였습니다. 이제 하느님의 가르침이 나의 것이 되고, 또한 무한의 영지가 우리들 형제와 함께하도록 해 주기를 되풀이 부탁하였습니다. 그런데 지난주의 일입니다. 그날 저는 뉴욕에서 열린 어떤 회의에 참석하였습니다. 그리고 그곳에서 놀라운 일이 벌어졌습니다. 뉴욕의 지하철에서 내 옆에 있는 사람이, 바로 20년이나 만나지 못했던 나의 형제였기 때문입니다. 박사님께서 지금 쓰고 계시는 새로운 책에 혹시 이 편지가 도움이 될지도 모르겠습니다. 반드시 제가 겪은 이와 같은 경험은 우리들 모두에게 이 신비한 힘을 신앙하도록 가르쳐 줄 것입니다. 저는 그것을 믿고 있습니다.

—켈리포니아주 샌프란시스코

생명의 무한한 바다가 우리들 모두 속에 작용하고 있으며, 그 어떤 어려운 질문이라 하더라도 대답을 주리라는 것을 당신은 확실히 알고 있어야 한다. 랠프 왈도 에머슨은 이런 말을 한 적이 있다.

"우리들 개개인에게는 각기 지도자기 딸려 있다. 겸허하게 귀 기울이지 않으면 옳은 말을 들을 수가 없게 된다."

작용과 반작용의 법칙은 우주에 편재하는 것으로서 가는 곳 어디에나 존재한다. 당신은 작용과 반작용을 상호 되풀이하는 우주를 상대로 하고 있다. 당신은 자신 뿌린 씨앗을 거두어들이게 된다. 당신은 자기가 구하는 것의 답을 얻게 된다.

슬픔을 극복한 미망인

다음에 소개하는 편지는 슬프거나 또는 비참할 때 당신 속에 있는 평화로운 냇물에 어떤 방법으로 파장을 맞출 것인가를, 그리고 내부의 정적·침착·균형·명랑 등의 감각을 얻기 위해서는 어떻게 할 것인가를 가르쳐 주고 있다.

머피 박사님.

사랑하는 남편이 이 세상을 떠난 뒤 극도의 실의에 빠진 저는 어떤 일에 있어서나 불만뿐이었습니다. 그런 때에 친구 한 사람이 박사님의 강연을 들어보도록 권고하여 저를 초청한 일이 있었습니다. 그 자리에서 박사님은 이런 말씀을 하셨습니다.

"우리들 인간이 사랑하는 사람을 잃는다는 것은 지극히 자연스러운 일이며, 눈물을 흘려 울음을 못 참는 것은 슬픔을 잊어가는 한 과정이라 할 수 있다. 슬픔의 변전기變轉期에는 눈물을 숨기거나 슬픔을 억제하여서는 안 된다."

박사님은 그리고 이렇게도 말씀하셨습니다.

"그렇다 하여 언제까지나 슬픔에 잠겨 있을 수는 없다. 왜냐하면, 생기와 정력과 정열을 빼앗기게 되기 때문이다. 슬픔을 잊기 위해서는 마음속의 그다음 차원에 있는 사랑하는 사람에게 대한 기도가 제일이다."

그러나 실제에 있어서 제 슬픔을 잊을 수 있게 해준 것은 다음과 같은 박사님의 설명입니다.

"우리는 누구나 사랑하는 사람과 이별하여야 할 때가 있으나, 그러나 실제 이것은 이별이 아니다. 왜냐하면 그들은 우리 곁을 떠난 것이 아니며, 우리들 주변의 또 다른 위치로 자리를 바꾸었을 뿐이기 때문이다."

마치 목소리가 여러 가지 주파에 의해 해저 전선海底 電線을 타고 전해오듯이 또는 선풍기가 매우 빠른 속도로 회전할 때 날개가 보이지 않게 되는 것과 마찬가지로 우리가 사랑하는 사람은 우리들 곁을 결코 떠나는 것이 아니라고 말씀하셨습니다.

박사님의 강연을 들으면서 저는 갑자기 죽은 남편이 나와 함께 살고 있으며 참된 그는 마음에 있고, 정신 속에 있으며, 또는 의식 속에 있다는 것을 깨달았습니다. 그리고 남편의 육체는 한낱 도구에 지나지 않았으며, 지금도 제4차원이라 불리는 한층 정화되고 순화된 형태의 또 다른 육체가 되어 있다는 것을 깨달은 것입니다.

즉, 생명은 결코 태어나는 것이 아닐 뿐 아니라 죽지도 않고 그 자체가 존재하지 않는다는 것을 저는 깨달은 것입니다.

박사님이 가르쳐 주셨듯이 나는 그로부터 남편을 위하여 기도하기 시작했습니다. 그 기도의 내용은 다음과 같습니다.

"나는 하느님에게 나의 남편을 인도합니다. 나는 나의 남편이 하느님과 함께하고 있다는 것을 알고 있습니다. 남편의 여행은 언제나 앞으로 그리고 보다 높은 곳으로 전진하고 있으며, 생명이란 것은 뒷걸음질하지 않으며, 또한 어제 일어난 일 때문에 주저하지 않는다는 것을 알고 있습니다. 나는 그에게 사랑과 평화, 기쁨과 선의를 베풉니다. 그리고 하느님의 사랑과 평화가 그를 에워싸고 있고 감싸고 있다는 것을 알고 있습니다.

하느님의 빛이 남편의 내부를 통하여 그의 주변에 찬란히 빛나고 있습니다. 선의와 자비가 그의 목숨이 있는 한 그의 뒤편에서 빛나고 있으며, 그리고 영원히 남편은 하느님의 집에서 살게 된다는 것을 저는 알고 있습니다. 그의 여행은 영광에서 영광으로 건네는 것입니다. 남편을 생각할 때는 언제나 저는 이렇게 소망합니다.

"주여, 당신과 함께 있게 하여 주시기를……"

2 ~ 3일 동안 이와 같은 기도를 계속한 결과 저는 마음의 평안을 회복하였습니다. 저는 마음속에서 생명은 영원한 것이며, 사람은 불멸의 것이라는 것을 깨달았습니다.

하느님은 저의 눈물을 닦아주었습니다. 그리고 이제 저는 눈물을 그친 것입니다. 더는 눈물을 흘릴 필요가 없게 된 것입니다.

—미세스 X.

광대무변한 힘과 파장을 맞추어 행복으로 이르는 방법, 조화와 평화, 그리고 기쁨을 경험하는 것이 모든 문제에 대한 해답입니다. 성경은 다음과 같이 가르친다.

“주께서 심지가 견고한 자를 평강에 평강으로 지키시리니 이는 그가 주를 의뢰함이니다.”

이사야서 제26장 3절

여기에서 ‘심지가 견고한 자’란 당신에게 내재하는 하느님의 존재는 광대무변한 생명이란 뜻으로 번역된다. 힌두교 교전에는 모든 인간의 생명을 지키고 분명히 존재하는 생명의 본원에 관해 다음과 같이 가르치고 있다.

“생명의 본원은 결코 태어나는 것이 아닐 뿐만 아니라 죽지도 않는다. 그것은 물에 젖지도 않고 불에 타지도 않으며, 바람이 이를 날려버릴 수도 없다. 이런 사실을 알고 있으면서 그대는 무엇 때문에 슬퍼하는가?”

성경에는 또한 다음과 같이 가르치고 있다.

“너희들은 어찌하여 산 자를 죽은 자 가운데서 찾느냐. 여기 계시지 않고 살아 나셨느니라.”

누가복음 제24장 5 ~ 6절

당신이 사랑하는 사람은 이제까지 보다 더욱 당신 가까운 곳에 있게 된 것이다.

〈요한복음 제17장 3절〉에는 영원의 생명이 보다 아름다운 생명이 되고 있다.

“영생은 유일하신 하느님과 그의 보내신 자 예수 그리스도를 아는 것이니라”

요한복음 제17장 3절

어느 실업가의 이야기

여기에 당신들 속에 있는 광대무변한 힘과 정확히 파장을 맞추면 갖가지 기적이 일어난다는 것을 증명해 주는 편지가 있다.

친애하는 머피 박사.

나는 성경 속에서 "신앙이란 희망의 실체이며 보이지 않는 것의 증거다"라는 것을 읽은 일이 있습니다. 나의 신앙은 현실적인 마음의 상태이며, 번영된 증거로서의 확실한 조짐인 동시에 인생의 성공을 뜻하는 것이라는 것을 나는 알고 있습니다. 나의 신앙은 박사님의 저서 《잠자면서 성공한다 The Power of Your Subconsciou Mind》에서 이야기 하는 마음의 법칙에 기초를 두고 있습니다. 나는 잠재의식의 법칙을 정확히 이용하기만 하면 결코 실패란 있을 수 없다는 것을 알고 있습니다.

나는 그 이전까지는 아침 식사를 하기 위하여 아래층으로 내려오면서 다음과 같은 말을 외우는 것이 습관이었습니다.

"오늘도 또한 어제와 같은 우울한 날이 시작된다. 출근하기 싫다. 지금의 나의 상사는 도대체 마음에 들지 않는다. 두고 보라. 이제 무서운 불황이 닥칠 테니까."

나는 이와 같은 부정적인 생각을 너무나 많이 되풀이한 것입니다.

지난해 1월, 《승리의 길은 열린다》 그리고 《인생을 마음대로 바꾼다 These truths can change you Life》를 읽고 난 다음부터는 매일 아침 회사에 도착하면서 그 어떤 진리를 긍정하기 시작하였습니다. 완전히 마음을 가라앉히고 그날 하루 내가 해야 할 일과표를 확인한 다음에 약 15분 동안 나 혼자의 시간을 가집니다. 그리고 그날 하루 평화와 조화가 있고, 하느님이 나를 이끌어 주시기를 기도합니다.

나는 매일 아침 다음과 같은 내용의 기도를 하였습니다.

"하느님은 나라는 인간의 중심에 살고 계신다. 하느님은 평화, 그것이다.

평화라는 나의 내부에 흐르는 냇물이 지금 나를 감싸고 있다. 나는 온종일 자신을 갖고 열심히 행동한다. 사무실과 농장의 고용인들은 모두 자기 나름대로 하느님의 가르침을 받고 성공을 거둔다. 나와 모든 사람, 그리고 고용인들 사이에는 신성한 이해가 있다. 우리들의 마음과 정신에는 하느님으로부터 받은 원만한 결합이 있다. 이로써 우리들의 사업과 그들의 가족들이 축복을 받고 번영을 이루는 것이다. 하느님의 사랑과 빛은 잠든 아기를 지켜 주는 어머니와 마찬가지로 우리를 지켜본다. 나는 하느님의 가르침을 따라 결정을 내린다. 회의를 열 때는 모두를 축복하고 옳은 말을 하도록 영감의 지시를 받는다. 나는 끊임없이 하느님의 저장고로부터 영감을 끌어낸다. 하느님과 하느님의 법칙을 믿는 것이 곧 건강과 부, 성공, 사랑 및 조화가 되어 실생활에 나타난다는 것을 나는 알고 있다.

그것은 나나 나의 친구들, 종업원들이 지금 곧 원하고 있는 그것이다. 나는 모든 사람에게 사랑과 신의와 평화를 뿌린다. 그러면 나는 평화를 얻게 되는 것이다."

나는 오늘까지 몇 달 동안이나 하느님의 힘과 파장을 맞추어 왔습니다. 그 결과 숨겨졌던 힘을 마음껏 발휘할 수 있게 되었다는 것을 나는 확신할 수 있습니다.

나의 가정, 또는 사무실은 이제 완전한 조화를 이루고 있으며 모든 점에 있어서 우리의 종업원들은 보다 행복하고 성공된 오늘을 거두고 있습니다. 나는 다시 커다란 확신과 자신을 갖게 되었으며 지금보다도 훨씬 행복합니다. 그리고 모든 점에 있어서 하느님과의 거리를 보다 가까이하고 있습니다. 이제 나는 참된 인생을 깨달은 것입니다.

—켈리포오니아주 로스앤젤리스 J. W.

이 편지를 쓴 사람은 로스앤젤레스에 사는 실업가의 한 사람이다. 그는 비즈니스를 능률적으로, 그리고 효과적으로 하는 데는 오직 자기에게 내재하는 광대무변한 힘과 파장을 맞추는 데 있다는 것을 배운 것이다. 그리고 질서·평화·아름다움·매력 등으로 표현할 수 없는 불가사의한 힘을 일으키는 이 무한한 부의 저장고에 파장을 맞추는 데서 얻어지는 매력을 느낄 수 있게 된 것이다.

이상적인 조화법

아침이나 저녁이나 다음과 같은 멋진 현상을 규칙적으로 긍정하도록 노력하라. 당신이 긍정한 사실은 반드시 실재한다는 것을 느끼라.

자신의 언어에 생명과 애정을 가지고, 이를 당신의 생활에 보다 의미 있는 것으로 하라.

내가 직면하고 있는 문제에 대한 해답은 나에게 내재하는 광대무변한 힘 속에 있다는 것을 나는 알고 있다. 나는 지금 조용히 그리고 마음을 편히 하며, 평화롭다. 하느님, 즉 광대무변한 힘은 부드럽게 이야기하고 결코 당황하는 일이 없다는 것을 나는 알고 있다. 지금 나는 이 광대무변한 힘과 파장을 맞추고 있다. 그것이 완전한 해답을 나에게 가르쳐 줄 것을 나는 100% 믿고 있다.

문제의 해결 방안에 대하여 나는 생각한다. 만약 문제가 해결되면 그때는 이러이러한 기분에 젖게 될 것이라는 기쁨을 느낀다. 나는 언제까지나 계속되는 신앙과 신뢰에 완전히 젖어 있다. 이것이 해결의 기분이다. 이것을 나의 내부에서 움직이고 있는 전능하며 광대무변한 힘으로서 그것이 나의 생활에 나타나는 것이다. 나의 온몸은 지금 해결의 기쁨에 젖어 있다.

그것에 고마워하고 있다.

또한 나는 하느님은 반드시 해답을 준다는 것을 믿고 있다. 하느님과 함께하면 모든 것이 가능해진다. 하느님은 나의 내부에 존재하는 광대무변한 힘이다. 그리고 모든 영지다. 계몽의 원천인 것이다.

하느님이 나의 내부에 존재한다는 것이 곧 평온과 침착이라는 형태로서 외부로 나타난다. 내가 이 무한의 힘과 파장을 맞출 때 긴장되고 고통스러운 감각이 모두 자취를 감춘다. 빛나며 성공된 생활을 영위하는데 필요한 모든 영지와 힘이 내 마음속에 있다는 것을 나는 알고 있다.

나는 온몸을 편히 가진다. 나의 신앙은 이 광대무변한 힘 속에 있으며, 하느님의 평안이 나의 정신, 나의 마음속에, 그리고 나의 온몸에 넘치기를 원하며 그렇게 될 것을 느낀다.

나의 조용한 마음이 여러 가지 문제를 해결하고 있다는 것을 알고 있다. 나는 나 속에 있는 광대무변한 힘이 해답을 가지고 있다는 것을 알고 있으므로 그 답을 요구하는 것이다.

나는 평화이다.

광대무변한 힘에 파장을 맞추는 수단

① 세계를 움직이는 힘은 당신 속에 있다. 그것은 전능이다. 그 힘에 파장을 맞추도록 하라. 그러면 당신은 기적과 영광을 방사할 것이다.

② 광대무변한 힘은 당신에게 영감을 줄 수 있다. 당신의 병을 고쳐 주고, 새로운 사고를 당신에게 제시한다. 또한 행복과 자유와 평화로운 마음으로 통하는 공도公道로 당신을 인도할 수 있다.

③ 광대무변한 힘은 당신을 창조하였다. 그리고 그것은 병을 고칠 수 있는 과정을 알고 있다. 어떤 부인이 이런 말을 한 적이 있다.

"나에게 내재하는 하느님의 힘으로 나는 자유로이 팔을 들어 올리고 있다."

이렇게 스스로 들려주고 믿음으로써 그는 마비 상태에 있었던 팔을 낫게 한 것이다.

④ 당신은 당신 자신 속에 무진장한 보고를 가지고 있다. 육군 장군은 예비군豫備軍에 의존하고 있다. 당신은 언제 그 어느 곳에서든 당신에게 내재하는 예비군, 즉 힘·지혜·의지·지도·자유 등을 요구할 수 있다. 이 모든 것은 즉석에서 자신을 위하여 도움이 된다.

⑤ 하느님은 존재한다. 하느님의 존재는 조화·기쁨·평화·아름다움, 그리고 정당한 행위로서 나를 통하여 흐르고 있다. 하느님의 영혼이 나에게 가득하고, 내가 기도를 할 때 기적이 일어난다. 이러한 문구에 의하여 당신은 조화, 건강 및 평화의 저장고를 방문할 수 있다.

⑥ 버스나 비행기, 자동차, 기차, 그리고 그 모든 교통 기관을 이용하여 여행할 때 열의를 담아 다음과 같은 것을 긍정하도록 하라. "하느님의 사랑은 나를 앞서 나아가며 내가 나아가고 있는 것을 참되게, 그리고 아름답고, 기쁘고, 행복하게 해준다."

당신은 불사신이라고 믿도록 하라. 당신이 여행하는 동안 기적이 일어날 것이다.

⑦ 학교 시험에 앞서서 잠재의식의 무진장한 영지에 해답이나 지도를 제시해 주도록 요구하라. 그러면 당신은 정당한 사실을 공부하도록 유도되고, 그에 대한 해답이 아마도 꿈으로써 당신에게 나타나게 될 것이다.

⑧ 당신이 만약 오랫동안 행방불명이 되어 있는 형제나 자매를 만나고 싶다고 생각할 때는 마음과 같이 기도하라.

"하느님의 가르침이 지금 나의 것이 되어 있다. 무한한 지혜가, 나와 나의 형제자매를 함께 하여 줄 것이다."

당신 마음속의 보다 깊은 흐름이 매우 빠른 속도로 당신과 당신의 형제자매를 만나게 해 주는 데에 당신은 놀라움을 금치 못할 것이다.

⑨ "죽음이란 결코 존재하지 않는다. 오직 생명이 있을 뿐이다."라는 말의 뜻을 당신은 현실적으로 이해하라. 또한 당신이 사랑하는 사람이, 하느님에 대하여 지니는 기쁨 새로운 탄생에 대한 기쁨을 축복하면서 사랑과 평안과 기쁨을 다음 차원에 있는 사람에게 주입하는 데서, 하느님이 당신의 눈에 맺힌 눈물을 닦아주고 그 이상 울어야 할 이유가 없다는 것을 깨달을 것이다.

⑩ 다음 생명의 차원으로 간 당신이 사랑하는 사람들은 어떤 힘의 주파수에 의하여 격리되어 있기는 하지만, 그러나 당신 주변에 있는 것만은 확실하다. 당신이 지금 앉아 있는 그 방은 텔레비전의 영상으로 가득하다. 집 밖이나 집 안이나 여러 종류의 방송 전파로 가득 차 있다. 심포니·노래·연설 등과 수많은 사람 때문에 대기는 가득 차 있다. 당신이 만약 투시자 또는 투청자透聽者라고 한다면, 당신은 살아 있는 사람들뿐만이 아니라 이른바 죽은 사람들과 그들의 목소리를 들을 수 있을 것이다.

⑪ 신앙이란 마음의 상태이며, 사고의 방법이다. 또한 그것은 당신의 마음의 법칙이 지니는 지식에 기초한 영적인 확신이다.

당신이 광대무변한 잠재의식의 법칙을 올바르게 이용하기만 한다면, 당신은 결코 실패라는 것을 모르게 될 것이다.

⑫ 아침이나 밤이나 광대무변한 힘과 파장을 맞추도록 하라. 그러면 당신은 모든 점에 있어서 한층 더 능률적인 사람이 되며, 보다 쉽게 성공하게 된다. 당신은 하느님, 즉 모든 선善한 것의 주인 되는 사람을 한층 가깝게 할 수 있을 것이다. 그리고 갖가지 멋있는 일들이 당신이 기도하는 데 따라 일어날 것이다.

⑬ 부드러운 마음가짐이 문제를 해결한다. 해답이 반드시 얻어진다고 믿고, 광대무변한 힘에 당신의 요구를 제시하라.

02

잠재의식은 당신을 어떻게 유도하는가

Miracle of mind pynamics

수조水槽 속의 물은 당신이 수도꼭지를 틀어주기를 기다리고 있다. 지금 곧 수도꼭지를 틀라. 그러면 몇만 갤런이나 되는 물이 당신을 위하여 유용하게 쓰인다.

이와 마찬가지로 당신의 내부에 있는 광대무변한 왕국의 모든 힘은 당신이 방출해 주기를 기다리고 있다. 당신이 이를 방출해 줄 때 당신에게 내재하는 무한의 힘이 당신에게 답하여 생활 속에서 활동을 개시해 주는 것이다. 그리고 당신은 당신 자신과 모든 인류를 헤아릴 수 없는 수많은 방법으로 축복해 주게끔 되는 것이다.

잠재의식은 틀림없이 당신을 유도한다

학문, 예술, 산업 및 종교의 각 분야에서는 모든 사람에게 내재하는 무한의 발전소로부터 끌어내어 질 고도의 통찰력·용기·자신·인내력 등을 지닌 남녀를 필요로 하고 있다.

만약 윈스턴 처칠이 독일군의 제일격第一擊에 항복했다면 영국은 패배하여 침략자의 말굽 밑에 짓밟혔을지도 모른다. 그러나 처칠의 강력한 신앙이 그의 국민을 궐기하게 하였고, 그에게 보다 새로운 정신적인 꿈을 준 것이다.

에이브러햄 링컨의 전기는, 그가 조국을 위하여 큰일을 하기 그 이전까지는 계속 실패만을 되풀이한 사실을 지적하고 있다. 그가 겪은 많은 실패는, 북미의 헌법을 유지하기 위한 디딤돌이었다고도 할 수 있다. 링컨은 정당한 행동 과정을 인정하였고, 더구나 이를 따르지 않는 자는 비겁자, 겁쟁이 등의 극인極印이 찍히게 될 것이라고 깨달았던 것이다.

간디가 위대한 정신력을 이룬 그 근원

무하마드 간디의 젊은 시절의 생활은 몸서리쳐질 만큼 굴욕적인 것이었다. 그는 매를 맞고, 발길에 차이고, 그리고 구속되었다. 그가 비극적인 최후를 맞이하기 그 이전에도 많은 암살자가 그를 살해하려고 했다. 그러나 간디는, 인도의 천민들이 수 세기에 걸친 농노의 신분으로부터 해방되기까지 참고 인내하였으며 결코 타협함이 없이 목표하는 위대한 사업에 몰두했다.

광대무변한 정의에 대한 신념, 오직 하나의 비전, 그리고 행동으로 옮기는 그의 용기는 훌륭한 결과를 이루었다. 간디는 다음과 같이 말했다.

"신앙이란 자기에게 내재하는 신神이 생생하게, 그리고 커다랗게 눈을 뜨고 있다는 것 이외의 아무것도 아니다."

이와 같은 신앙을 달성한 사람은 그 외의 아무것도 필요한 것이 없다는 뜻이다.

우아해진 외교관 부인

뉴욕의 공회당公會堂에서 강연을 가졌을 때, 한 아가씨가 나를 찾아와 다음과 같은 말을 한 적이 있다.

"대사관에 근무하는 청년 외교관한테서 프리포즈를 받았어요. 하지만 그 사람과 결혼을 하게 되면 각국 외교관들을 접대하여야 할 것이고, 나는 그 일이 두려워서 그 사람의 청혼에 응하지 못하고 있어요. 나는 외교관으로서의 에티켓도 모를 뿐만 아니라, 그 사회의 회합에서 복장이나 예의 등도 전혀 모르거든요."

나는 그녀에게 뉴욕에 있는 어느 우수한 차밍 스쿨에 입학해 보는 것이 어떻겠냐고 권했다. 그리고 그녀의 목소리는 어딘가 사람을 찌르는 뜻한 가시 돋침이 있음을 발견하고 성경의 가르침대로 이렇게 일러 주었다.

"언제나 남과 대화를 할 때 보다 친절해야 한다는 것을 의식하도록 하라."

그것은 곧 다음의 뜻을 이야기한 것이다.

"경우에 합당한 말은 아로새긴 은쟁반에 금사과니라. 선한 말은 꿀송이 같아서 마음에 달고 뼈에 양약이 되느니라."

잠언 제25장 11절, 제16장 24절

그녀는 나의 충고를 받아들여 곧 이를 실행에 옮겼다. 아침이나 낮이나 밤이나, 그 후 수개월에 걸쳐 사랑과 친절과 선의를 지니고 대화하는 훈련을 쌓아간 것이다.

2 ~ 3개월이 지나자, 그녀는 대인 관계에 있어서 그 이전에 비하여 훨씬 개선된 자신을 발견하게 되었다. 그녀는 편지에서 다음과 같이 적었다.

"선생님이 가르쳐 주신 차밍 스쿨은 나의 사람됨을 개선하는 데 큰 도움이 되었습니다."

그녀는 생활 속에서 우아하며 슬기로운 몸가짐이 자연스럽게 몸에 배게 되었으며, 단정히 옷 입는 방법, 걸음걸이, 대화, 그리고 손님을 접대하는 방법과 그 바른 자세 등 여러 가지 경우에 적응된 에티켓을 배웠다.

그 누군가에게, "안녕하세요?"하고 말할 때는 그 말에 예의만이 아니라 참된 의미가 담겨 있어야 한다고 나는 그녀에게 가르쳤다. 하는 말의 내용은 곧, "하느님의 빛이 당신 속에서 빛나고 있습니다."하는 뜻이다. 또한, "편히 주무세요."하는 인사말에는, "하느님이 당신에게 수면을 주실 것입니다"하는 의미가 담겨 있다는 것을 알고, 이를 마음속에서 참되게 느껴야만 한다고, 나는 그녀에게 가르쳤다.

이와 같은 간단한 진리를 실현한 데서 그녀는 그녀 자신의 생활에 큰 전환점을 발견한 것이다.

그녀는 지금 젊은 외교관과 결혼하여 자기의 조국을 위해 힘을 보태고 있다. 우아하고 매력적이며, 또한 위엄을 잃지 않은 자세로 대사관의 손님들을 접대하고 있다. 그리고 모든 사람으로부터 사랑을 받고 있다.

사소하지만 날마다 말과 행동을 정중히 한다는 것은, 생활 그 자체를 상쾌하게 할 뿐만 아니라 생활을 고상하게 한다. 마음의 예의가 있다는 것을 기억하라. 즉 사랑이라는 것 바로 그것이다. 이 사랑으로부터 순수하면서도 정중한 몸가짐이 비롯된다는 것을 잊어서는 안 된다.

숨은 재능을 찾아내서

언젠가 젊은 신문 기자 한 사람이 나를 찾아와 이런 말을 하였다.

"신문사 일에 실수를 저질렀습니다. 상사에게 꾸중을 들었지요. 나 같은 사람은 신문기자가 될 자격이 없다는 것입니다."

그 일로 해서 파면을 당한 이 청년은 며칠 동안이나 마음의 고통을 느끼었고 자기를 파면한 사람을 원망하기도 하였지만, 마침내 자기를 해고한 고용주에게 차라리 고마워하리라는 생각을 하게 되었다. 그는 혼잣말로 중얼거렸다.

"나는 그 일에서는 실패하였다. 나는 고마워 그 세계에서는 적합하지 않다. 나의 재능은 어딘가 다른 곳에 있다. 하느님이 나에게 내려주신 재능에 따라 일을 하게 될 때, 나는 엄청난 성공을 이루게 될 것이다."

나는 그에게 다음과 같이 기도하도록 일러주었다.

"무한의 지력은 나의 숨겨진 재능을 찾아주고, 그 재능을 보다 훌륭하게 발휘할 수 있는 참된 일자리를 나에게 제시해 준다. 나는 나에게 제시되는 확실한 지도에 따라 나아갈 것이다."

2 ~ 3일 후, 그는 목사가 되고 싶다는 강력한 욕구를 느꼈다. 그리고 그는 지금 신학교에 입학하여 즐거이 목사가 되는 길을 찾고 있다.

최초 그는 나에게, 다음과 같은 편지를 보내왔다.

"이곳이야말로 제가 있어야 할 바로 그곳입니다. 저는 이곳에서 성공할 것입니다."

그의 사고의 변화가 그의 생활 자체를 바꾸어 놓은 것이다.

하느님의 진리를 실행하는 올바른 방법

어떤 부인이 나에게 편지를 보내왔다. 그녀의 동료가 되는 부인이 자신을 적으로 대한다는 것이다. 그들은 교회에서 함께 교육 위원회의 일을 보고 있는 사이였다. 그녀는 대단히 신경질적이어서 질투하는 마음이 강하였다는 것을 시인했다.

나는 그녀에게 답장을 보냈다. 그 내용은 다음과 같다.

> 아담이 모든 동물의 이름을 붙였습니다. 성경에 나오는 그 모든 동물은 여러 가지 기분이나 느낌의 방법, 또는 생생한 의식의 정태情態를 표현하고 있습니다.
>
> 예를 들어 사람을 쏘는 벌의 침, 나귀의 고집스러움, 여우의 간교함, 그리고 베트남에서 보는 베트콩들의 호랑이와도 같은 격렬함을 가리킨 것입니다.
>
> "양과 같이 마음이 약하다든가, 건방지다든가, 겁쟁이다 등의 말은 한결같이 동물의 세계에서 비롯된 것입니다. 인생에 있어서 우리들의 사명은 이와 같은 감정이나 성격을 조화롭게 하고, 그리고 이 모든 것을 적극적으로 숭고한 방향으로 이끌어 나가는 데 있습니다."

그녀가 의심하는 마음도 없이, 독사의 침도 없이, 그리고 배신적인 행위가 없으면 그와 같은 어리석은 비난을 받았다 하여 노여움을 살 필요는 없다는 것을 지적한다.

나는 그 여인에게 다음과 같이 기도할 것을 가르쳤다.

"나는 하느님의 힘의로 모든 면에 있어서 인도되고 있다. 나와 그 부인

사이에는 조화와 평화가 있고, 그리고 아름다운 이해가 있다. 하느님의 광대무변한 영지가 그 방법을 가르쳐 준다."

어느 날 팜 온천으로 여행을 가면 기분이 풀릴지도 모른다고 생각한 그 여인은 결심하고 여행을 떠났다. 그러자 놀랍게도 팜 온천의 풀장에서 바로 문제의 부인을 만났다. 그리고 허물없이 이야기를 나누는 사이에, 그 동안에 있었던 모든 이해, 모든 갈등에서 벗어날 수 있었다.

그 여인이 자기의 마음가짐을 바로 잡았을 때, 그것은 진실로 놀라운 방법이었지만, 하느님의 지도가 그녀에게 작용했던 것이다.

불가능을 가능하게 한다

다음에 소개하는 편지는 한 교회의 수부계受付係에서 받은 것이다. 이 편지에는 보다 깊은 곳에 있는 우리들의 잠재의식이 우리들이 바라는 것에 얼마나 크게 작용해 주는가를 알려 주고 있다.

> 친애하는 머피 박사님.
>
> 나의 여덟 번째 생일 때의 이야기입니다. 어머니는 나에게 어떤 생일 선물을 받고 싶은가를 물었습니다. 나는 그 동안 틈이 있을 때마다 목각을 만드는 것으로 시간을 보냈다.
>
> 그리고 이웃에 집을 짓고 있는 목수들에게서 여러 가지 지식을 배우기도 했습니다. 나는 그들에게서 보다 질이 좋은 강철로 만들어진 디스톤제製의 끌 이야기를 듣고 반드시 그 끌을 손에 넣으리라고 생각하고 있었습니다. 나는 어머니에게 생일선물로 디스톤제의 끌을 받았으면 좋겠다는 뜻을 말했습니다.

나를 놀라게 하려는 마음으로 어머니는 큰 디스톤제의 끌을 찾아 철물점을 찾아 나섰습니다. 그러나 철물 가게와 고물상 등을 이곳저곳 돌아다녔지만, 대답은 천편일률적이었습니다.

"미안합니다. 디스톤제의 끌은 구하기 힘들 겁니다. 전쟁 이후 생산이 중단되었으니까요."

낙심한 어머니는 끌을 못 구한 채 집으로 돌아왔습니다. 그리고 나에게 구하지 못한 경위를 미안한 표정으로 말씀하셨습니다.

"그러니 디스톤제의 끌은 다음에 구하기로 하고, 이번 생일 선물은 다른 것으로 대신하는 게 어떻겠니?"

나는 어머니에게 이렇게 대답했습니다.

"엄마, 염려마세요. 끌을 철물점에서 구할 필요는 없을 거예요. 왜냐하면 그 끌은 반드시 내 손에 들어올 테니까요."

우리는 그때 집을 팔려고 내놓았는데, 보증금을 미교부압인 증서未交付押印證書로 하여 사려는 사람이 있었습니다. 우리는 그 이전 집과 지하실을 검사해 주도록 검사관에게 의뢰한 일이 있었는데, 사려는 사람은 또 다른 회사에 의뢰하여 재검사해 줄 것을 희망했습니다. 이는 일반적으로는 있을 수 없는 일이었지만, 어쨌든 재검사는 지난번과 비교하면 훨씬 철저한 것이어서 심지어는 지붕 밑까지 샅샅이 검사를 했습니다.

한 시간 뒤 지붕 밑에서 내려온 검사관은 손잡이에 수제手製의 조각을 새겨넣은 아름다운 끌을 가지고 내려왔습니다. 끌에는 디스톤이라는 글자가 아름답운 서체로 새겨져 있었습니다.

옛날에 이 집은 저명한 음악가를 위하여 로렐 캐니온에 의해 건축되었었는데, 그때 건축에 참여했던 목수 한 사람이 이 끌을 잊고 갔던 것입니다.

유년 시절에 나의 내부에 있는 전능의 힘을 이해하고, 그 힘과의 유대를 일깨워 준 것을 무한히 기쁘게 생각하고 있습니다.

—당신의 친구 로지 컨래드

이 편지를 보낸 젊은이는 8살 때 자신의 잠재의식 속에 있는 여러 가지 힘을 발견하였다.

그리고 오늘날 그는 건축계에서 매우 훌륭한 건축기사가 되었다.

모든 지위의 주인이 되자

성경에서는 다음과 같이 가르치고 있다.

"보라 내가 너희를 보냄이 양을 이리 가운데로 보냄과 같도다 그러므로 너희는 뱀 같이 지혜롭고 비둘기 같이 순결하라."

마태복음 제10장 16절

이를 다른 말로 표현하면, 생활하고 있는 현실을 충분하게, 그리고 총명하고 민첩하게 볼 수 있는 예민한 구안자具眼者가 되라는 뜻이다. 즉 조심성 있고, 그리고 날쌔고 재빨라지라는 뜻이다.

마음속의 지도와 외부의 조언을 과감히 받아들이도록 하라. 당신은 비둘기의 역할을 연출해야 한다.

비둘기는 순결과 평화의 상징이다. 조용히 접근하라. 그리고 동시에 견실하도록 노력하라. 진실을 그르치는 그 모든 것을 거절하라. 야생마를 길들이는 조련사처럼 견고하면서 친절하라.

조련사는 길들어 있는 말에 자기는 그의 주인이라는 것을 강조한다.

그러나 나는 절대 잔혹하지도 않다. 채찍으로 때리거나 하는 일은 결코 없다.

이와 같은 두 가지 마음가짐을 적절히 혼합하라. 그러면 당신은 끊임없이 변화해가는 생활 속에서 모든 것을 지배하는 마음속의 힘을 방사放射할 수 있게 될 것이다.

광대무변한 진리를 이용하여 전진하라

독재자나 폭군 또는 전제 군주라 불리는 사람들은 거짓된 가면을 쓰고 있다. 우리는 모두 히틀러의 엄청난 죄과와 무솔리니 스탈린, 그 외 많은 사람이 만들어낸 공허한 소동을 기억하고 있다.

그들은 각기 자기들의 깊은 불안감, 미숙감未熟感, 열등감, 그리고 분노나 혐오감 등을 극구 숨기려고 하였다.

많은 사람이 끊임없는 위선과 허황된 행동으로 실재의 자기와는 다른 모습을 가장하고 있다.

어떤 사람이 나에게 이런 말을 한 일이 있다.

"내가 그 누구보다도 먼저 해야 할 일은 뛰어난 정치 기자가 되어 자기의 과오를 전달하고 자기가 그 얼마나 훌륭한 사람인가를 모든 사람에게 이야기하는 일입니다. 그러면 반드시 신문 기사의 표제가 될 것입니다."

그의 생각은 진리를 속이고 허황된 진술이나 악용이야말로 누구보다도 먼저 해야 할 방법이라 믿었던 것이다.

그러나 이와 같은 사고는 전적으로 그릇된 것입니다. 어제도 오늘도 영원히 변치 않을 생활의 근본 방침을 신봉하는 일이야말로 누구보다도 앞서 해야 할 일이다.

광대무변한 힘을 이용하여 놀라운 승리를 얻으라

퀴리 부인은 인류에 번민을 덜어주는 데에 큰 관심을 가지고 있었다. 그녀는 그 방법을 발견하기 위하여 모든 생애를 자기의 일터에다 헌신하였다. 그녀는 숨이 막혀버릴 것 같은 한여름의 무더위나 살을 에는 듯한 한 겨울의 추위 속에서도 끝까지 인내하고 노력했다.

승리의 위대한 새벽이 이르기까지 그녀는 충실하게 맡은 바 작업을 계속하였다. 그녀는 자기 내부의 힘에 진실하였으며 결코 단념하는 일이 없었다. 퀴리 부인의 비전은 승리로 인도되었다. 그리고 그녀의 절대적인 신앙과 굽힘 없는 헌신이 인류에게 축복을 안겨준 것이다. 세상 사람들은 당연하게 그녀를 천재로서 대우하였고, 또한 위대한 인류의 은인으로서 갈채를 보내게 된 것이다.

올바른 인생관을 가진 인간은 눈이나 비가 내렸다고 하여 자신을 상실하는 일이 없다. 또한 몇 번인가 실패하였다고 하여 자기의 목표를 바꾸지는 않는다.

퀴리 부인은 한 번의 성공, 성취는 그 수백 배의 실패에서 느낀 무한한 고통을 씻어준다는 것을 알고 있었다. 그 뿐만 아니라 이른바 실패란 것은 궁극적인 실패가 아니라 자기의 승리와 영광을 향한 디딤돌이라는 것을 알고 있었던 것이다.

자기 자신에게 충실하라

사기술이나 거짓된 몸가짐, 허식이나 흉내, 또한 공허한 자세에서 탈피하라. 허풍이나 버릇없이 경망하고 도도히 구는 것은 결과적으로 깊은 불안감,

열등감, 그리고 자기 혐오감의 발로일 뿐이다.

자기 자신을 새로이 평가하고, 새로운 설계도를 작성하라. 당신 스스로가 정신 자세를 새로이 하고 반항벽反抗癖·악의·비판·자기 비난 등을 버리고, 그 대신 조화와 건강, 평화와 기쁨, 또는 선의 등의 건설적인 생각으로 당신의 마음이 가득 찰 때 당신은 미래의 생활을 효과적으로 변화시켜 나갈 수 있다.

그리고 문자 그대로 하루 24시간을 통하여 당신이 원하는 상태의 당신을 찾게 된다. 생명의 원리와 영구불변의 진리에 따라 생각하라. 그에 따라 실행하면 그때 당신은 자신과 보증과 그리고 안정감과 균형을 찾을 수 있을 것이다.

무한한 생명의 근원과 당신과 제휴하게 하라. 그리고 생명을 풍부히 하고 안전하고 옳은 행위를 하는 것으로서 진실을 표현할 수 있도록 노력하라. 진실을 표현할 수 있도록 당신 자신을 통하여 표현하라.

당신은 자기가 생각하는 바로 그와 같은 사람이 된다

오늘날의 당신은 당신이 생각하는 것에 따라 형성된 것이다. 당신은 당신이 생각하는 것의 총계이다. 당신은 자기 자신의 생명을 맡고 있다. 그리고 다른 사람들이 그 어떤 일을 하든, 그리고 조건이라든가 그 외의 모든 일이 어떤 결과를 낳았든 간에 그 모든 것은 당신의 운명이나 성공 등에 아무런 영향도 미칠 수가 없다. 전혀 무관하기 때문이다.

당신의 습관적인 사고방식의 본질에서 생각할 때 당신은 자기 자신을 병자로 할 수 있으며, 가난뱅이로 할 수도 있으며, 또한 불행한 존재로 할 수도 있다. 심지어 당신은 자기가 생각하는 그 여건에 따라 죽음을 부를 수조차 있다.

다음과 같은 사실을 긍정하라.

"나는 하느님과 하느님의 광대무변한 영지英知, 그리고 선한 그 모든 것을 믿고 있다. 나는 보다 최상의 것을 기대하며 생활하고 있다."

이와 같은 사실을 긍정하다 보면 당신은 전혀 뜻하지도 않았던 불가사의한 현실을 만나게 될 것이다.

뜻하지도 않았던 신기한 일들이 날마다 당신의 생활 속에 나타나게 된다. 당신의 생명의 노트당신의 잠재의식에다 이와 같은 진실을 기록해 나가면 여러 가지 멋진 사실들이 당신의 생활상에 나타나게 된다.

당신이 의식하고 있는 사고에 대하여 당신의 보다 깊은 마음이 답변한다는 것을 믿어라. 그러면 당신은 모든 면에 있어서 번영을 찾게 될 것이다.

실익實益을 얻게 하는 신앙의 힘

어떤 남자가 나에게 다음과 같은 말을 한 적이 있다.

"나는 내 말이 경주에서 승리하리라는 것을 확신하고 있었습니다."

나는 이 남자에게 다음과 같이 이야기했다.

"생명의 원리와 잠재의식의 법칙이 가지는 작용 이외에는 그 어떤 일이든 절대적인 확신이란 있을 수 없습니다."

분명한 것은 원리나 법칙은 결코 변화하지 않는다는 사실이다. 그것은 영원히 불변인 동시에 무한하다.

문제의 그 말馬은 레이스에서 쓰러져 죽었다. 레이스의 결과나 면접 등에서 일어난 일 등 그 모든 것을 무조건 믿는다는 것은 불가능하다.

그 남자가 신뢰하여야 할 상대는 오직 하느님뿐이며, 하느님의 광대무변한 선물이다. 선한 그 모든 것이며, 완성·성공·번영 등을 믿어야 한다.

이렇게 할 때 그가 알지 못했던 방법에 의하여 행복이 보충되리라는 것을 나는 그에게 지적해 주었다.

나는 또한 그 남자에게 어떤 남자와 결혼을 하리라는 굳은 신념을 가졌던 한 소녀를 예로 들어 설명을 덧붙였다.

모든 결혼 준비를 끝내고 우리들은 교회에서 기다리고 있었는데, 신랑될 사람은 끝내 나타나지 않았다. 결혼식장으로 오는 도중, 교통사고를 당하여 생명을 잃고 말았던 것이다.

그 소녀는 이때 자기가 그 남자의 운명이나 생명을 지배할 수 없었다는 것을 깨달았다.

소녀는 냉정하게 사실을 지켜보며 이렇게 말했다.

"그러나 하느님은 또 다른 계획을 나를 위하여 세워줄 것입니다. 또 다른 남자를 나의 반려자로서 선택해 줄 것이며, 이번에는 그의 완전한 반려자가 될 수 있을 것입니다."

그로부터 얼마 후 이 소녀는 멋있는 신랑감을 만나 결혼을 하였다.

사람들은 나에게 이런 말을 한다.

"나는 경마에서 승리하리라는 것을 반드시 믿고 있었다."

그러나 실상 이것은 허황한 믿음이다. 경주마가 당신이 기대하는 대로 달려주리라는 보증은 없으며, 따라서 이는 참된 의미의 신앙일 수 없다.

완전한 하느님과 하느님의 사랑, 하느님의 법칙, 그리고 하느님의 광대무변한 가르침을 믿으라. 그러면 당신은 당신이 원하는 모든 것을 손에 넣을 수 있다. 마음의 법칙과 하느님이 하는 일에 깊은 믿음을 가지라. 그러면 당신이 하는 모든 일이 순조로워질 것이며, 또한 행복으로 이르는 지름길을 찾게 될 것이다.

하느님의 존재를 믿고 실패를 이겨낸 남자

어느 영화감독은 자기가 감독하고 있는 영화가 성공, 질서, 조화, 그리고 멋있는 결과를 얻을 수 있도록 하느님께 기도하였다는 것을 나에게 말한 적이 있다.

그러나 세상만사가 자기가 생각하는 대로 되는 것은 아니다. 배역했던 배우들이 갑자기 병이 들고 촬영 날에는 일기가 안 좋은 데다 모든 일이 완전한 실패로 돌아간 것이다.

그는 나에게 다음과 같이 말을 하였다.

"나는 성공하리란 것을 상상하여 모든 결과가 성공하였을 때의 일을 마음속에 그리고 있었으나 날씨와 태양, 달과 별, 그리고 배우들의 생명을 뜻대로 조종할 수 없었습니다. 그러나 나는 성공의 원리를 믿고 있었고, 하느님이 존재하는 이상 나를 도와주리라는 것을 확신했습니다. 즉 장기 흥행에 있어서 실패가 없으리란 것을 실감한 것입니다. 나는 하느님의 실재를 믿고, 결코 변함이 없는 생명의 영원한 진리를 확신하고 있습니다."

그의 다음 영화 작품은 큰 성공을 거두었다. 그리고 그는 오늘 세계 최고의 영화감독이 되었다.

그는 결코 실패란 있을 수 없는 생명의 무한한 대도大道를 믿었다. 그는 자기가 성공하기 위하여 태어났다는 것을 믿었다. 실패가 있었으나 그는 실망하지 않았다. 그의 신념은 확고부동했다.

즉, 결코 실패할 수 없는 하느님과 하느님의 법칙 밑에 있었던 것이다.

그는 나에게 이런 말을 하였다.

"나는 날씨에 관해서나 또는 톰 존스가 내일도 살아 있으리라는 것, 혹은 사인 담당의 책임자가 정해진 장소에 있을 것인가 하는 일 등에 관해서는 대대적인 확신을 가질 수 없었습니다. 그렇지만, 하느님은 분명히 하느님이라는 이 사실에 대해서만은 확신할 수 있었습니다. 그리고 나는 그것만으로 충분했습니다."

이는 뛰어난 한 영화감독의 총명한 이성이었다.

행복하고 자유롭기 위해서는 어떻게 할 것인가

"유한한 자들만이 죽도록 고통스럽게 일을 한다. 무한한 자들은 웃음 지으며 두 다리를 펴고 휴식을 즐긴다."

에머슨의 말이다.

지금 당신 속에 있는 무한한 것에 파장을 맞추어 이를 방문하도록 하라. 당신이 사랑과 진리, 또는 아름다움이라는 무한한 생명의 대해大海와 제휴한 순간에 하느님의 힘이 당신의 생활 속에서 적극적인 힘을 발휘하게 되며, 당신은 깊이 안심을 하게 되고 마음속에서 휴식을 느낄 수 있게 된다.

나는 오직 나일 뿐, 그 이상도 그 이하도 아니라는 것을 배우라. 그릇된 자존심이나 가장된 동정심, 또는 허식을 버리라. 당신의 내부에 있는 하느님을 존중하고, 높이고, 그리고 찬양하라. 당신 속에 내재하는 하느님에 대하여 충성과 헌신과 정성을 다하라. 또한 그것이 하느님이라는 것을 깨달아야 한다.

이것이 곧 하느님을 사랑하는 결과가 되며 당신이 하느님을 사랑할 때 하느님은 당신 자신의 편이 되어 주며, 당신은 또한 자연히 부유하고 순수한 인간일 수 있다.

당신은 하느님의 기쁨과 하느님의 웃음 속에 보다 행복한 인생을 추구할 수 있게 된다.

요약—당신의 길을 이겨내는 힘

① 우리가 흔히 말하는 실패란 성공을 위한 디딤돌에 불과하다.

② 신앙이란 당신 자신 속에 있는 광대무변한 힘을 눈을 크게 뜨고 생생하게 보고 느끼는 것 이외에 아무것도 아니다.
신앙을 달성한 사람에게는 아무것도 더 바랄 것이 없다.

③ 당신 주변에 있는 사람들에게 아침이나 낮이나 밤이나 사랑과 친절, 그리고 선의를 베풀도록 노력하라. 그러면 당신과 그들과의 관계가 눈에 띄게 개선됨을 알 수 있을 것이다.

④ 가르침을 구할 때는 다음과 같이 긍정하라.
"나의 모든 길은 하느님에 의하여 계시되며, 하느님만이 내가 나아갈 길을 가르쳐 준다."
그러면 하느님의 해답이 분명하게 당신의 의식하는 마음속으로 들어올 것이다.

⑤ 어제도 그리고 오늘도 영원히 동일한 생명의 기본적인 원리를 고수하기 위하여 노력하라. 그러면 당신은 끊임없는 전진을 이룩할 수 있다.

⑥ 승리와 대성공이라는 당신의 비전에다 마음속 초점을 맞추라. 그러면 당

신은 반드시 성공한다. 단 한 번의 성공은 수백 번의 실패에서 보았던 뼈저린 고통을 씻어준다.

⑦ 당신 자신이란 곧 당신이 생각하고 있는 바로 그것이다. 당신 자신을 생명의 무한한 근원과 제휴하게 하고 생명이 당신을 통하여 풍부하며, 안전하게, 그리고 가장 정당한 행위로서 참된 모습을 표현하도록 노력을 하라.

⑧ 때때로 다음과 같은 것을 긍정하라.

"나의 신앙은 하느님과 선한 그 모든 사물 속에 있고, 나는 최상의 것을 기대하며 살아가고 있다. 그 결과 예기치 못한 불가사의한 사물들이 나의 생활 속에 탄생했다."

이와 같은 긍정을 되풀이함으로써 당신은 더욱 번영할 수 있다.

⑨ 참된 신앙이란 제도나 개인 또는 그 어떤 신조에 있는 것이 아니라 오직 하느님과 그리고 결코 변화할 수 없는 당신의 잠재의식 속에 있다는 것을 알아야 한다.

⑩ 결코 변화하지 않는 영원한 진리를 확신하라.

03

광대무변한 힘에 눈을 뜨라

Miracle of mind pynamics

마음속 깊이 뿌리박혀 있는 것보다 큰 소망의 하나는, 당신의 참된 가치가 참되게 평가되고, 그리고 사랑받고, 승인을 얻는 바로 그것이다.

칼라일은 이렇게 말했다.

"이 세상에서 하느님과 더불어 존경받을 수 있는 것은 다른 하나의 인간의 가치에 대한 사람들의 존경하는 마음 그것이다."

〈시편〉의 작자는 제8편 3절부터 8절에서 인류가 참된 자기를 옳게 평가받는 일의 그 중대성을 다음과 같은 장중한 표현으로서 설파하고 있다.

"나는 당신의 반지와도 같은 하늘을 보고, 당신이 일구어놓은 달과 별을 보며 생각합니다. 사람은 무엇이며, 그 무엇에 의하여 이를 유념하시며, 사랑의 앞날은 그 무엇이기에 이를 돌보아주시는 것입니까. 단지 조금이나마 사람을 하느님보고 낮게 칭찬하시어 번영과 영예가 있게 하시고, 이 외의 모든 것은 그 발치에 있게 하셨습니다. 모든 양과 소 그리고 들짐승과 하늘을 나는 말과 바다의 물고기를 그 모든 것을 인간의 발치에 있게 한 것입니다."

여기서 다윗 왕〔〈시편〉의 작자〕은 인간에 내재하는 잠재 세력에 관하여 웅변적으로 아름답게 가르치고 있다.

오늘 우리들은 전력을 다하여 우주의 연구에 박차를 가하고 있다. 달나라의 여행이 가능해진 이상, 우리들의 시대에 또 다른 혹성 여행도 확실해질 것이다.

오늘 우리는 새로운 수많은 발견을 가능케 하는 인간의 무한한 지력의 작용을 눈앞에 보고 있다. 우리는 빛과 초음속, 전자공학과 전기, 라디오, 레이더의 시대에 살고 있다. 과학자들은 공기, 공간, 해양에 관한 기적, 그 모든 것이 인간의 마음속에서 비롯된다는 것을 설명하고 있다.

얼마 전 어떤 수학자는, 추상적인 개념만이 세계를 설명할 수 있으며, 그리고 오늘날 육지와 바다와 공중에서 일어나는 모든 일을 이해할 수 있는 것은 물리학자와 수학자뿐이라는 것을 나에게 이야기한 적이 있다.

내부에 있는 힘

오늘날 우리들 인간은 자기 마음속 깊은 곳에 있는 수면의 일정한 구역을 파고들어 항해하고 있다. 또한 서서히 자기 속에 있는 하느님의 나라를 깨닫기 시작하고 있다.

듀크 대학이나 그 외의 대학 연구소 조사 연구에 의하면, 정신 감응, 투

시력, 투청력, 심령 연구, 초감각적인 여행, 예지, 과거 인식 작용 등을 발견하는 인간의 여러 가지 불가사의한 마음의 힘을 해명해 나가고 있다.

자부심을 얻으려면

최근 나는 아리조나에 살고 있는 한 부인에게서 편지를 받은 일이 있다. 편지에는 자신의 큰 시누이와 작은 시누이가 자신을 불만스럽게 생각하고, 남편의 전처가 훨씬 좋았다고 차마 입 밖에 낼 수 없는 말을 한 일까지 있다는 것을 적고 있다.

시누이들은 단 한 번도 이 부인을 자기들 집에 초대한 일이 없으며, 언제나 남편만을 초대한다는 것이다. 그 뿐만 아니라 이쪽에선 서로의 의사 소통을 위해 갖은 노력을 다하지만, 시누이들은 식사나 가족 관계, 복장, 또는 화제에 이르기까지 사사 건건 시비를 걸어온다는 것이다.

이 부인은 자기가 못난 사람이기 때문에 그런 말들이 비롯된다는 사실을 시인한 다음에 다음과 같은 질문을 했다.

"그 사람들은 무엇 때문에 나를 이렇게 괴롭히는 것일까요? 나의 어디가 그처럼 혐오스러운 것일까요?"

나는 그 부인에게 보내는 답장에 다음과 같은 사실을 지적해 주었다.

첫째, 당신은 지금까지 전혀 근거도 없는 불필요한 번민을 해왔다는 사실.

둘째, 당신은 시가 사람들의 악의적인 말이나 무례한 행동을 거부하고, 이를 반박할 능력이 있다는 사실.

또한, 당신은 시누이들의 존재에 책임이 없다는 것과, 따라서 그들의 질투적이며 시기적인 편견에 대해서도 전혀 책임이 없다는 것을 설명해 주었다.

그런 뒤에 나는 다음과 같이 결론을 내렸다.

"당신은 그들의 제물이 될 필요가 없으며, 그들이 엎지른 물을 주워 담아야 할 하등의 책임도 없습니다."

뒤이어 나는 당신의 매력, 우아함, 친절, 그리고 멋진 성격 등이 그들로 하여금 곤란한 경우에 처하게 하고 있으며, 아마도 그들은 당신을 괴롭히는 것으로 불만을 해소하고 그릇된 쾌감을 느끼고 있는게 틀림 없다는 것을 덧붙였다.

나는 그녀에게 제안했다.

첫째, 그들과 모든 관계를 끊을 것.

둘째, 그들과 화합하기 위하여 당신의 품위를 낮출 필요가 없다는 것.

또한 부인에게는 자중, 자존의 태도가 필요하며, 그러기 위해 하루 세 번씩 다음과 같은 내용의 기도를 하도록 권했다.

나는 나의 시가 사람들을 완전하게 하느님에게로 인도합니다. 하느님은 그들을 창조하고, 그리고 부양하고 있습니다. 나는 평화와 사랑, 신의를 그들에게 방사합니다. 나는 그 사람들을 위하여 하느님의 모든 축복이 있기를 소망합니다. 나는 하느님의 딸입니다. 하느님은 나를 사랑하며 나를 항상 보살펴 주십니다. 노여움·두려움·자기 비난·분노 등 소극적인 생각이 마음속에 일어나면 나의 마음을 지탱하고 있는 하느님의 뜻이 여지없이 이를 밀어냅니다. 나는 내 생각이나 감정을 나 자신이 완전히 지배하고 있다는 것을 알고 있습니다. 나는 하늘나라에 통하고 있습니다. 나는 지금 나의 모든 감각이나 감정이 조화로우며 건설적인 선에 따라 재지도하고 있습니다. 하느님의 뜻만이 나의 마음속에 자리할 수 있으며 나에게 조화와 건강, 그리고 평화를 있게 합니다. 내가 나의 품격이나 지위를 떨구어야 할 위험이 있을 때는 나는 언제든지 대담하게 다음과 같은 것을 단언합니다.

"나는 나의 중심에 있는 하느님을 찬양합니다. 나는 하느님과 함께 있습니다. 하느님과 함께 있는 사람은 반드시 승리합니다. 만약 하느님께서 나를 지지하여 준다면 누가 나를 반대할 수 있겠습니까."

그 부인은 충실하게 이상과 같은 기도를 지켜나갔다. 또한 내가 가르친 그 외의 일들도 충실히 실행하였다.

그로부터 2 ~ 3일 후 기도에 대한 결과를 그녀는 편지로 보내왔다.

친애하는 머피 박사님.

선생님이 보내주신 편지와 기도문에 대하여 깊은 고마움을 전합니다.

나는 박사님의 편지를 받고 시가 사람들에게 전화를 걸어 앞으로는 우리들 일부를 함께 초대하는 경우 이외에는 그 어떤 모임이든 참석하지 않으리라는 것을 통고하였습니다.

나는 또한 이에 덧붙여 평소 내가 그들의 행복을 기도했다는 것과 지금도 또한 그와 같은 심경에는 변함이 없다는 것을 전했습니다.

나는 이제야 나의 잘못을 깨달았습니다. 나를 멸시했던 시가 사람들보다 내가 열등하다는 생각 때문에 실제로 나 자신이 얼마나 불리한 입장에 있었던가를 깨달은 것입니다. 박사님이 보내주신 기도문은 엄청난 기적을 일으켰습니다. 며칠 전인가 남편은 나에게 이런 말을 하였습니다.

"당신은 요즈음에 들어와서 사람이 변한 것처럼 명랑해졌소. 도대체 이유가 뭐요?"

나는 모든 사실을 남편에게 이야기하였습니다. 그리고 우리는 지금 박사님에게 무한한 고마움을 느끼고 있습니다.

—미세스 L. M.

내성적인 성격에서 탈피하는 방법

얼마 전 나는 어느 세일즈맨의 상담에 응한 적이 있다.

"나는 겁쟁이며 소심한 데다 사소한 일에도 화를 잘 내는 기질입니다. 세상만사가 지나치게 참혹하며 잔혹하게만 보입니다."

이것이 그의 상담 내용인데, 실제에 있어서 그는 자기의 생활을 옳게 지배하지 못하고 문제만 있으면 도피하기에 급급하다. 그의 아내는 물론이고 친지나 가족들까지도 자신을 정당하게 이해하여 주지 않았고, 심지어는 아이들까지도 자신을 멸시한다고 그는 말했다.

이 모든 원인은 이 젊은이의 마음속 깊은 곳에 불안감과 무력감이 있었기 때문이다.

또한 그는 자기 자신에 대하여 심한 차별 의식을 느끼고 있었다.

그는 나에게 다음과 같이 물었다.

"다른 사람들이 나를 올바르게 이해하도록 하려면 저는 어떻게 해야 하겠습니까?"

나는 그에게 성경의 한 구절을 상기시켰다.

"자기를 사랑하듯이 이웃을 사랑하라."

마르코전서 제12장 33절

이 성구의 참된 뜻은, 이웃이 곧 자기 자신이라는 것이다. 왜냐하면 본래의 당신 자신은 하느님이기 때문이다.

테니슨은 이렇게 말하고 있다.

"당신은 그에게 이야기해도 좋다. 왜냐하면 하느님은 모든 일을 보고, 그리고 듣고 있기 때문이다. 그렇게 하면 마음과 마음이 서로 접촉할 수 있게 되며 하느님은 숨결이 미치는 곳보다도 가까운 곳에 있게 된다. 하느님은 손과 발보다도 가까운 곳에 존재한다."

이 성구의 또 다른 일반적인 의미는, 당신이 자기 자신을 사랑하듯이 이웃을 사랑하라는 뜻이다.

나는 이 청년에게 우선 자기 자신에게 진실하여지라는 것, 자기 자신을 어떻게 사랑할 것이냐 하는 것, 그리고 이제까지 보다도 한층 더 자기 자신을 옳게 이해하자면 어떻게 하여야 할 것인가를 다음과 같은 말로 설명해 주었다.

만약 자기 자신을 비난하거나 멸시하거나 후회하거나 하면 그는 결코 자립할 수 없게 되며, 동시에 모든 이웃에 대하여 존경이나 선의가 불가능해진다. 왜냐하면 인간이란 끊임없이 자기가 생각하고 있는 것, 느끼고 있는 것, 그리고 믿고 있는 것을 다른 사람에게 투영하고 있기 때문이다.

자기가 표현하는 것은 곧 자기에게로 돌아온다는 것이 광대무변한 마음의 법칙이다.

인간은 하느님의 아들이다. 그리고 하느님의 모든 성질도 힘도 인간 속에 있어서 표현되기를 기대한다.

인간은 내재하는 하느님을 존경하고 사랑하여야만 한다.

자기애自己愛의 참된 의미

성경에서 믿는 자기애의 참된 의미는, 당신 속에 있는 생동하는 마음을 공경하고 인정하고, 높이고, 그리고 그에 대하여 충성을 다하는 데 있다.

당신을 창조한 최고의 지혜가 당신을 낳게 하고, 그리고 지탱하고 있다.

그것은 당신에게 내재하는 생명의 원리이다. 이것은, 이기주의라든가, 또는 자기 과장 등과는 전혀 관계가 없으며, 반대로 당신의 목적을 형성하게 하는 하느님에 대한 건전한 존경이다.

"너희 몸은 너희가 하느님께로부터 받은 바 너희 가운데 계신 성령의 전인 줄을 알지 못하느냐 너희는 너희 자신의 것이 아니라."

고린도전서 제6장 19절

성경에서는 이렇게 말하고 있다.

따라서 성 바울이 말했듯이, 당신의 신체 안에 머무시는 하느님을 당신은 마땅히 찬미하여야 합니다.

자기 자신을 높이고, 존경하고, 사랑한다면, 당신은 자동으로 남을 사랑하고, 존경하고, 높일 줄 알아야 한다.

이 젊은 세일즈맨은 탐닉하듯이 나의 설명을 듣고 있었다.

그리고 이윽고 깊이 느낀 것이 있듯이 다음과 같이 슬퍼했다.

"나는 박사님의 말씀과 같은 훌륭한 이야기를 일찍이 들은 적이 없습니다. 나는 이제 그동안 내가 무엇을 해왔는지 확실히 깨달을 수가 있게 되었습니다. 나는 나 자신을 비하해온 것입니다. 그리고 편견·악의·비통 등에 넘쳐 있었던 것입니다. 요컨대 나 자신 밖으로 표현하는 그 모든 것들이 결국엔 내게로 되돌아온 것입니다. 나는 이제 비로소 나 자신을 바로 보게 된 것입니다."

하루에도 몇번씩이나 이 젊은 세일즈맨은 마음속으로부터 다음과 같은 진리를 긍정하기 시작하였다.

"앞으로는 하느님의 존재인 참된 자기 자신에 대하여 건전하고, 거룩하며, 깊은 존경을 표할 것입니다. 나는 하느님을 표현하고 있습니다. 그리고 하느님은 내가 위치하는 곳에 나를 필요로 합니다. 아니면 나는 여기 존재하지 않았을 것입니다. 이 순간 이후 나는 나의 모든 친구, 그리고 모든 사람 속에 있는 하느님을 높이고 존경할 것입니다. 나는 그 어떤 사람이든 존경할 것이며, 높이 평가할 것입니다. 나는 하느님과 함께 있는 사람입니다. 나는 훌륭한 성공자입니다. 그리고 내가 나 자신을 위하여 바라는 것을 다른 모든 사람을 위하여도 바랄 것입니다. 나는 지금 지극히 평안합니다."

자기를 사랑하라

이 젊은 세일즈맨은 자기의 생활을 변화케 하였다. 그는 이제 소심하지도 않으며, 내성적일 수도 없으며, 그리고 수줍어하거나 화를 내거나 하지도 않는다.

그는 순풍에 돛을 단 듯이 인생을 개척해 나갔다.

당신도 이 젊은이와 같이할 수 있다. 본래의 자기 자신을 사랑하는 방법을 배워라. 그러면 다른 사람을 사랑하고 존경하는 방법을 함께 깨닫게 될 것이다.

남자여, 그대가 보는 것으로
너는 되어야만 한다.
만약 그대 눈에 하느님이 보일 때면 하느님이 되고
만약 먼지를 보았을 때는 먼지가 된다.

자책하는 마음과 고민을 극복한다

몇 달 전인가 나는 한 남자로부터 편지를 받았다. 그는 편지에서 다음과 같은 호소를 해왔다.

"내 주위의 모든 사람이 하나같이 나를 괴롭히고 있습니다. 나는 그 이유를 알 수 없습니다."

나는 그에게 나를 찾아와 이야기를 나누도록 회답을 보냈다.

그와 만나 이야기를 나누어 본 결과 나는 그가 끊임없이 이웃 사람들을 화나게 하고 있다는 것을 알았다.

그는 자기 자신을 좋아할 수가 없었으며, 언제나 자책하는 마음으로 가득 차 있었다.

그는 매우 긴장되고 카랑카랑한 목소리로 이야기했다. 그의 신랄한 대화의 방법은 사람들의 신경을 자극했다. 그는 자기 자신에 관해서는 조심스럽게 생각하였으나, 다른 사람들에 대하여서는 몹시 비관적이었다.

그의 불행한 경험은 얼핏 보기에 그 이유가 다른 사람들에게 있는 듯이 보였지만, 그와 주위 사람들과의 관계를 자기와 그들과의 사고방식 느낌의 방법 등에 따라 결정된다는 것을 그에게 설명해 주었다. 그가 자기 자신을 경멸하는 이상, 다른 사람들에게도 선의나 존경의 마음을 가질 수 없으리라는 것을 역설해 주었다.

그 이유는, 일반적인 마음의 법칙에 따라 그는 언제나 자기 친구나 자기 주변의 모든 사람에게 그가 생각하는 것과 감정을 투영하고 있기 때문이다.

그가 다른 사람들에 대하여 편견이나 악의, 또는 모욕적인 감정을 투영하는 한, 그의 세계는 그의 마음가짐, 또는 태도의 반향에 지나지 않으므로, 그것은 곧 그에게로 정확하게 돌아오게 된다는 것을 그는 깨닫기 시작했다.

황금률을 실행하라

그가 화를 내거나 또는 오만 불순한 몸가짐을 정복할 수 있도록 정신적, 영적인 공식을 나는 그에게 주었다.

여기서 그는 자기 잠재의식에 다음과 같은 것을 의식적으로 적어나가도록 결심했다.

나는 지금 황금률을 실행하고 있습니다. 황금률이란 잠재의식 속의 다른 사람들이 이러이러하게 생각해 주었으면 싶은, 그리고 이러이러하게 이야기하고 그렇게 해 주었으면 하고 바라는 것을 의식적으로 잠재의식에 적용하는 것입니다.

나는 침착하게 나의 길을 걷고 있습니다. 나는 모든 것에 자유를 부여하고 있으므로 아무도 나를 구속하지 않습니다. 나는 모든 사람에게 성실하게 평화와 성공과 번영이 있기를 원합니다. 나는 언제나 마음의 평화와 침착과 고요를 유지하고 있습니다. 하느님의 평화가 나의 마음과 온몸에 넘치고 있습니다.

내가 나를 옳게 이해하듯이 다른 사람들 또한 나를 옳게 이해하고 존경해 줍니다. 나는 더할 수 없이 큰 혜택을 받고 있습니다. 왜냐하면 나는 지금 이 세상 모든 것을 풍부히 지니고 있기 때문입니다. 나는 이제 사소한 생활사에 괴로움을 당하는 일이 없습니다. 공포·근심·의혹·비판 등이 문을 두드릴 때 나는 기쁨을 믿고 성실한 아름다움을 믿고 마음의 문을 열어줍니다. 그러면 그곳에는 아무것도 찾아온 것이 없습니다. 다른 사람들의 지시나 요청이나 힘은 전혀 작용하지 못합니다. 오직 하나의 힘은 나 자신의 생각 속에 있을 뿐입니다. 내가 하느님의 의지를 생각할 때 하느님의 힘이 선을 도와 내가 생각하는 것과 함께하도록 할 것입니다.

이상과 같은 진실을 아침이나 낮이나 밤이나 그는 계속하여 긍정했다. 그리고 이 기도문 전부를 암기했다.

그는 이상의 기도문을 사랑하고 생동하는 힘을 얻었다. 이윽고 이와 같은 사상이 점차 마음속 깊이 침투하고, 그의 잠재의식이 각 층으로 파고들었다.

그는 이와 같은 사실을 편지에 적고 있다.

친애하는 머피 박사님.

우선 첫째로 내가 오늘 하루 조용하고 행복한 감정을 지닐 수 있었던 것에 고마워합니다.

나는 내가 나의 마음과 그 작용을 새로이 이해하도록 하기 위하여 이룩된 것임을 나는 충분히 알고 있습니다. 내가 왜 나 자신이나 다른 모든 사람을 높이 평가해야 하는가를 나는 알고 있습니다.

나는 나 자신을 존경합니다. 그렇게 함으로써 곧 하느님을 존경하는 것이 되기 때문입니다.

지금 나는 그 외의 대세 속에서 빠져나오는 방법을 알고 있습니다. 점차 익숙해져서 지난 두 달 동안에 나는 두 번이나 승진하였습니다. 다음의 성구가 가지는 진실성을 나는 알고 있습니다.

"내가 땅에서 들리면 모든 사람을 내게로 이끌겠노라."

요한복음 제12장 32절

고맙습니다.

이상의 편지는 어떤 사람이든 고민에서 벗어날 수 있음을 입증하고 있다.

이 청년은 어려운 문제가 자기 속에 있었다는 사실을 깨달은 것이다. 그리고 자기의 사고방식과 느낌의 방법을 바꾸겠다고 생각한 것이다. 반응은 있었다. 그리고 그와 마찬가지로 누구나 가능한 일이다.

물론 그러기 위해서는 결심이 필요하다. 인내와 자기를 변하게 하려는 강한 욕망이다.

"가서 너도 이와 같이 하라."

누가복음 제10장 37절

조금만 앞을 내다보라

나의 친지 중에 천문학을 하는 사람이 있다. 그는 망원경을 통하여 창조적 이야기와 우주의 신비에 대한 해답을 구하려고 수년 동안 하늘을 조사해 왔는데, 최근 그는 다음과 같은 말을 했다.

"나는 조그만 망원경 앞에 천체를 바라보고 있으면서 나 자신의 내부를 바라보고 있다네."

망원경의 그 조그만 앞 끝은 동시에 중요한 뒤끝이기도 하다고 그는 덧붙였다. 왜냐하면 인간의 내부에는 하느님이 존재하고, 그리고 창조의 불가사의와 질서의 신비가 있기 때문이라는 것이다.

인간은 자기를 알게 될 때 우주 또한 알게 될 것이다. 지금은 분석자分析者를 분석하는 시대이다. 자기의 바깥쪽에서 행복·번영·평화를 찾아내기에 급급하여 인간은 자기 자신의 내부, 자기의 잠재의식 속에 있는 부의 무한대한 저장고에 대한 주의를 게을리했다.

당신의 사고나 감정, 생명의 영원한 진리와 정신적인 가치가 동일하다는 의식을 통하여 당신 자신의 마음속에서 깨닫는 방법 이외에 그 어디에서 침착·조화·평화·행복 등을 찾을 수 있겠습니까?

윌리엄 셰익스피어는《햄릿》제2막 제2장에서 다음과 같이 말하고 있다.

"인간이란 그 얼마나 불가사의한 작품인가! 여성이란 그 얼마나 숭고하며, 능력이란 그 얼마나 무한하며, 형태와 동작은 또한 얼마나 적절하고 훌륭한가! 그 행동은 어쩌면 천사와도 흡사하며, 그의 이해력은 하느님과 같다."

자기를 한층 높이 평가하는 방법

에머슨은 다음과 같은 말을 남겼다.

"모든 사람에게는 각기 공통된 한마음이 있다. 이 모든 사람은 같은 곳으로 이르는 강어귀에 있으며, 그 모든 사람은 같은 것으로부터 탄생하였다."

또한 그는 "이성을 사용할 수 있도록 허용된 사람은 전 재산을 소유한 자유민이다."

다음과 같이 덧붙이고 있다.

에머슨이 남긴 이 말을 지금 이 시각부터 믿으라. 무한의 지혜와 우주를 이끄는 원리가 당신 자신 속에 존재한다는 것을 실감하라.

그러면 그 어떤 병이라도 무한하게 치유할 수 있는 하느님의 존재가 생명 유지에 필요한 신체의 중요한 각 기관, 또는 당신 몸의 모든 과정과 기능을 지배하게 된다.

그 결과 당신은 선택 능력을 구비하게 된다. 당신의 상상이나 당신 속에 있는 하느님의 모든 힘을 사용할 수 있게 된다.

당신의 정신은 실제에 있어서 하느님의 정신이다. 당신이 의식적으로 그리고 건설적으로 당신 속에 있는 무한의 지혜를 사용하게 될 때, 당신은 모든 상태로부터 자유롭게 해방된 존재가 될 수 있다.

에머슨은 이와 같은 깊은 진리를 앞세워 자기 자신에 관한 사고를 확대하도록 당신을 격려하고 있다.

"플라톤이 생각한 것을 모든 인간 또한 생각할 수 있다. 성인들이 느꼈던 것을 모든 인간 또한 느낄 수도 있다. 또한 언제이든 인간에게 내려질 일들을 사람들은 이해할 수도 있다. 만인 공통의 심리 상태에 접근해 있는 사람은 존재하는 그 모든 것의 친구이며, 이를 수 있는 그 모든 것의 친구이다. 왜냐하면 그는 유일한 최고의 행위자이기 때문이다."

에머슨은 미국 최고의 철학자로서 인류 역사상 최고의 사상가 중의 한 사람이다.

그는 끊임없이 무한한 힘과의 조화를 이루어 왔다. 그리고 모든 사람에게 그들 자신 속에 있는 무한의 가능성을 해방하도록 촉구하였다.

에머슨은 인간의 위엄과 장대함을 가르쳤다. 그리고 그의 마음에 다시 귀를 기울이면, 우리가 무릎을 꿇음으로써 위대한 사람들이 우리에게 그들의 위대함을 가르친다는 것, 또한 플라톤이나 그 외의 사람들이 위대할 수 있었던 것은 그들이 스스로 생각하는 것에 따라 행동했기 때문이었으며, 자기 아닌 다른 사람들이 믿고 있는 일에 추종하지 않았기 때문이라는 것을 지적하였다.

이제부터는 자기 자신에 대하여 고귀한 위엄이 있는 개념을 지니도록 하라. 그리고 〈시편〉의 각자다윗 왕가 모든 사람에게 한 말을 상기하라.

"내가 말하기를 너희는 신들이며 다 지존자至尊者의 아들들이라"

시편 제82편 6절

새로운 자기 평가로써 건강을 회복한다

다음의 편지가 하나의 사실을 전하고 있다.

친애하는 머피 박사님.

박사님이 쓴《승리의 길은 열린다》에 대하여 고마워하면서 이 편지를 쓰고 있습니다. 나는 그 책을 열여섯 번이나 반복해서 읽었습니다만 그와 동시에 즉각 실생활에 있어서 응용을 해보았습니다.

나는 공연한 불평을 늘어놓거나 우는소리를 하는 버릇을 일축하였습니다. 그러자 곧 마음의 고통·짜증·증오 등이 한꺼번에 사라졌습니다.

나의 남편은 1년 전, 나를 버리고 나보다 젊은 여자에게로 가버렸습니다. 나는 급성 관절염에 걸렸는데, 그 원인은 타격·노여움·증오 등 나 자신의 감정 때문이라고 진단한 의사의 말만큼이나 나는 격렬한 분노를 느끼고 괴로워했습니다.

지난 3개월 동안 날마다 박사님이 말씀하셨듯이 나의 육체는 살아 있는 하느님의 궁전이며 나는 나의 몸속에 존재하는 하느님을 찬미하는 대담한 주장을 하였습니다. 지난 몇 달 동안 매일 아침과 저녁, 그리고 밤마다 약 15분간씩, 하느님의 사랑이 나의 몸 구석구석까지 침투해 있고, 하느님이나 나의 몸 전체를 사랑의 이슬로 젖게 하고 있다는 것을 긍정하였습니다. 나는 또한 나의 전남편을 위해서도 기도를 하였습니다.

그러자 나의 몸에는 놀라운 변화가 일어났습니다. 부증浮症 : 어느 국부의 혈액 순환에 탈이 나서 몸이 퉁퉁하게 부어 오르는 병에서 오는 참을 수 없는 고통이 사라지고 관절은 놀라울 만큼 부드러워져 마음대로 움직일 수 있었습니다. 쌓이고 쌓였던 칼슘이 서서히 사라진 것입니다. 담당 의사는 물론이고 나는 지금 형언할 수 없는 기쁨을 누리고 있습니다. 나는 하느님의 자식이며, 하느님은 나를 사랑합니다. 하느님은 나의 모든 일을 보살피고 있다는 것을 나는 늘 이해하고 있습니다.

이와 같은 새로운 자기 평가가 나의 생활에 기적을 낳게 하고 있다는 것을 나는 알고 있습니다.

전 남편에 대한 증오심은 이제 모두 사라졌습니다. 그리고 지금 나는 완전한 건강을 되찾고 있습니다. 하느님의 법칙과 질서가 나를 지배하고 있습니다.

나는 박사님이 쓰신 《승리의 길은 열린다》는 글에 대하여 깊이 고마워하고 있습니다.

—미세스 W. M.

이 부인은 참된 자기를 정확히 보는 힘이 이루는 기적을 깨달았다. 자기가 하느님이 살는 궁전이라고 생각하기 시작하였을 때 그녀는 이를 발견했다. 그리고 그녀가 하느님의 존재를 공경하고 높이고 구하였을 때에 하느님은 사랑·평화·자신·희열·활력·완전·신의의 감정이 되어 그에게 답을 주었다.

그녀가 그 자신을 사랑하고 존경하기 시작하였을 때 모든 증오는 사라지고 푸른 하늘을 가득 채우듯 갑자기 사랑이 넘쳐 흐른 것을 깨달았다.

사랑이 곧 건강이나 행복, 성공, 그리고 번영의 법칙을 달성케 한다.

사업에 성공하기 위한 공식

로스앤젤레스의 저명한 실업가가 나에게 이런 말을 하였다.

"내가 성공하고 번영할 수 있었던 그 비결은, 위대한 진실을 배우고 이를 날마다 실현하는 데 있습니다."

이것이 곧 성공과 번영의 공식이다.

다른 사람의 내부에 있는 하느님과 나의 몸속에 있는 하느님은 동일하다는 것을 나는 알고 있다. 따라서 만약 내가 다른 어떤 사람을 상하게 하면 그것은 곧 나 자신을 상하게 하는 것과 다를 것이 없다. 그것은 지극히 어리석은 일이다.

이를 충분히 깨닫고 있음으로써 나는 모든 것 중에서 가장 위대한 공식을 실행한다. 나는 다른 사람 속에 있는 선한 것을 축복하고 높인다. 나는 다른 사람들이 그들의 이익을 조장助長하는 것을 중히 여긴다. 그러면 나 자신의 이익 또한 증가하기 때문이다.

나는 나의 형제들의 집으로 돌아오는 배는 반드시 나의 집으로도 돌아온다는 것을 알고 있다.

이상과 같은 공식은 실행하라. 그러면 자기 자신은 한층 더 발전하게 될 것이다.

여러분은 돌石에서는 가르침을, 물에서는 속삭임을, 그리고 냇물에서는 아름다운 노랫소리를 듣게 될 것이다. 그러면 당신의 친구들을 포함해서 모든 것 속에서 하느님을 보게 될 것이다.

이 장에서의 유익한 지침

① 마음속에 보다 깊이 뿌리박고 있는 소망의 하나는, 자기의 참된 가치를 인정해 주기 바라는 마음이다. 즉 존경받고, 정면으로 평가되고, 그리고 사랑받고자 하는 마음, 그것이다.

② 대학 연구실은 인간 속에 존재하는, 보고 듣고 느끼는 등의 오감이나, 신체의 각 감각 기관에 의존하지 않고 여행할 수 있는 능력 등 인간의 여러 가지 멋진 힘을 점차 해명해 준다.

③ 당신은 자신의 마음속에 모든 부정적인 암시나 다른 사람의 비관적인 말을 배척할 수 있는 힘을 지니고 있다. 당신이 자기 자신을 비관하거나 자책하는 경향이 있을 때는 언제든 다음과 같은 말을 긍정하라.

④ "자기를 사랑하듯 이웃을 사랑하라."

이 말은 당신 속에 있는 하느님의 힘, 즉 참된 당신 자신을 존경하고, 높이고, 이해하고, 사랑하고, 거기에다 완전한 충성을 서약하는 것을 의미한다.

⑤ 참된 자기는 이기주의나 자기 강화, 또는 병적인 자기주장 등과는 관계가 없다. 반대로 그것은 모든 인간에게 있어 진실일 수 있는 내재하는 하느님에 대한 건전한 존경의 표현이다.

⑥ 당신에게서 출발한 모든 원인은 결과적으로 당신에게로 돌아온다는 것을 알아야 한다. 인간의 생활은 곧 반향反響이기 때문이다. 따라서 모든 사람이나 전 세계를 향하여 사랑과 평화와 선의와 축복을 보내도록 하라. 그러면 헤아릴 수 없는 축복이 당신에게로 돌아오게 된다.

⑦ 의식하고 다음과 같은 진실에 매달려 자기 평가를 높이도록 하라.

"나는 내가 가지고 있는 것만큼만을 부여할 수 있다는 것을 알고 있다. 이 순간부터는 하느님으로서 표현되는 나 자신에 대하여 건전하고 공경된 깊은 존경을 베풀고자 한다. 나는 모든 사람이 가지고 있는 하느님을 존경한다."

⑧ 사람들아, 그대가 보는 것으로 그대는 되어야만 한다.

만약 그대가 하느님을 보고 있으면 하느님이 되고, 만약 그대가 먼지를 보고 있으면 그대는 먼지가 되어야 한다.

⑨ 당신이 당신 자신을 비열하다고 생각할 때에는, 당신은 언제나 다른 사람에 대하여 당신 자신의 사고나 감정이나 신념을 투영하고 있다는 증거이므로 어차피 다른 모든 사람을 좋게 생각할 수 없게 된다.

⑩ 다른 사람에게 이러이러하게 생각해 주었으면, 이러이러하게 이야기해 주었으면, 이러이러하게 행동해 주었으면 하고 바라는 것과 같이 당신 스스로가 다른 모든 사람에 대하여 그렇게 생각하고, 그렇게 이야기하고, 그렇게 행동하라. 즉 황금률을 실행하라. 자신을 위해 바라는 것을 다른 모든 사람을 위해 염원하라. 그러면 헤아릴 수 없는 축복이 당신의 것이 될 것이다.

⑪ 하느님은 모든 사람 마음속에 살고 있다. 하느님의 왕국은 내재하는 것이다. 창조에 관한 모든 비밀과 질서 있는 통일체로서의 우주의 신비는 인

간 바로 그 속에 존재한다.

사람이 자기 자신을 터득하면 그는 우주에 관해서도 터득한 것이 된다. 지금이야말로 분석자를 분석하는 시대이다.

⑫ 모든 사람에게는 공통되는 한마음이 있다. 그리고 우리들 개개인이 모두 같은 곳으로 이르는 입구인 동시에 그 출구이기도 하다.

⑬ 자기 자신에 관하여 높고 고귀한 위엄이 있다는 생각을 가지라. 성경의 위대한 진실을 기억하라.

"내가 말하기를 너희는 신들이며 다 지존자의 아들들이다."

시편 제82편 6절

⑭ 당신이 당신 마음속에 있는 하느님을 사랑하고, 존경하고, 높이 받들기 시작할 때, 모든 고통, 모든 증오심은 사라지게 될 것이다. 아울러 사랑과 건강과 행복의 법칙을 완성하며, 마음의 평화를 성취하게 된다.

⑮ 자기 평가와 다른 사람에 대한 존경에 관한 가장 위대한 공식은 당신 속에 있는 하느님이, 다른 사람들 속에 있는 하느님과 같은 존재라는 것을 실제로 이해하는 것이다. 그리고 당신이 다른 사람들의 이익을 높여 줄 때 자기 자신의 이익 또한 높아진다는 것을 현실적으로 이해하게 됨을 뜻한다. 당신 형제의 집으로 돌아오는 배는 반드시 당신에게도 돌아오게 되어 있다.

04
문제를 해결하는 광대무변한 힘

Miracle of mind pynamics

문제의 90%는 인간이 만들어 낸다

당신의 사고를 바꾸라. 그리고 그와 같은 상태를 지속하라. 그러면 당신은 당신의 생활 전부가 아주 달라지게 할 수 있다.

기사技士 프레드 레네크 씨는 최근 나에게 다음과 같은 말을 하였다.

"우리 공장에서 일어나는 모든 문제의 90%는 그곳에서 일하는 사람들의 인격적인 결합과 다른 사람들과의 관계를 원만히 해나갈 수 있는 능력의 부족 때문입니다."

그러고 보면 결국 모든 문제의 나머지 10%만이 기술적인 성격으로 야기된다는 말이 된다.

이것은 정확한 판단이다.

문제를 해결하는 정확한 방법

이야기를 할 때나, 걸음을 걸을 때, 또는 자동차를 운전하거나 과자를 구울 때, 거기에는 각기 방법이 있다. 실제에 있어서 세상 모든 일에는 정확한 방법과 그릇된 방법이 있다.

충분히 행복한 생활을 하기 위해서는, 불변이면서도, 또한 영원한 근본 방침에 의한 생활을 해야만 한다. 당신은 중심을 잃어버린 수레바퀴를 만들거나, 전기나 화학을 무시한 따위의 사고는 하지 않는 것으로 믿고 싶다. 마찬가지로 당신 속에 있는 무한한 지혜에 따라 이야기하고 행동하고 감응할 때에는 당신의 모든 생활이 희열과 행복과 성공과 마음의 평화로 가득 차게 된다는 것을 알 것이다.

사고방식을 바꾸어 궤양과 고혈압을 치유한 이야기

롱웨이 부인은 근무처에서 감독에게 심한 질투를 느끼고, 그를 몹시 혐오해 왔다. 부인은 궤양과 고혈압 때문에 몹시 고통을 겪고 있었다.

그러나 부인은 언제부터인가, 관대함과 선의에 관한 정신적인 원리에 흥미를 느끼게 되었다.

부인은 이제까지 몇 번이나 공연히 화를 내고 악의에 찬 태도를 가졌던 일과 그와 같은 부정적이며 불쾌한 사고방식이 오랫동안 자기의 잠재의식 속에서 곪아왔다는 것을 깨달은 것이다.

부인은 이와 같은 사태를 해결하기 위하여 문제의 감독과 대화를 가질 것을 원하고 노력해 왔으나 감독 되는 그 부인은 그때마다 한마디로 거절했다.

사태를 정정해 보려고 끊임없이 노력하는 사이에 롱웨이 부인은 매일 아침 출근을 하기 전 10분 동안을 잘 이용하여 조화와 선의에 관한 법칙을 적용하였다.

우선 부인은 다음과 같은 것을 긍정하였다.

"나는 부인을 조화와 사랑과 평화와 기쁨과 선의로써 감쌀 것이다. 우리 사이에는 조화와 평화의 이해가 있다. 그러곤 내가 K부인에 대하여 이야기할 때는 언제든지, '하느님의 사랑이 당신의 마음속에 충만하다'는 것을 전재한다."

그로부터 몇 주일이 지났다. 롱웨이 부인은 주말을 보내기 위하여 샌프란시스코로 떠났다.

샌프란시스코로 가는 비행기에 탑승한 순간, 부인은 꼭 하나 비어 있는 옆 좌석이 자기 감독의 좌석이라는 것을 깨달았다.

부인은 정중하게 감독에게 인사를 하였다. 그러고 역시 정중하고 친절 답례를 받았다.

그들 두 사람은 샌프란시스코에 도착하여 즐겁게 지낼 수 있었다. 그리고 이들은 지금 나의 강의에 참석하고 있다.

무한의 지혜가 그들 사이에 놓인 까다로운 문제를 해결하기 위한 무대 장치를 만들어 준 것이다. 롱웨이 부인은 자기의 사고방식을 완전히 달라지게 함으로써, 궤양이나 고혈압의 완전 치유를 포함하여 그녀의 인생 자체를 바꾸게 했던 것이다.

승진한 부인

"나의 근무처 사람들은 모두가 나를 싫어하고 있습니다. 그중에는 내가 파면당하기를 원하는 몇몇 사람들마저 있을 정도입니다."

언젠가 나의 서재를 찾아온 한 젊은 부인이 나에게 한 말이다. 나는 부인에게 물었다.

"그렇다면 부인은 어째서 사표를 내고 다른 직장을 찾아보지 않으셨습니까?"

부인은 다음과 같이 대답했다.

"직장을 옮긴다고 해서 해결이 되진 않아요. 왜냐하면 나는 어제까지 여섯 번이나 직장을 바꾸었으니까요."

이 젊은 부인은 머리가 우수한 데다 교육 또한 충분히 받은 사람이었다. 그리고 이름난 법률가의 비서 일을 보고 있었다.

그녀가 당면하고 있는 문제의 90%는 그녀 자신의 인격에 있었다.

나는 이 부인에게 영적인 처방을 주었다. 그리고 규칙적으로 적어도 몇 달 동안 아침과 저녁으로 이를 실천하도록 제안하였다.

직장에 출근하기 전에 날마다 이 부인은 자신의 사무실에 있는 모든 직원을 위하여 다음과 같은 기도를 하도록 권했습니다.

나는 사무실에 있는 모든 사람에게 상냥한 사고방식, 선의의 감정, 행복, 그리고 기쁨을 보낸다. 나의 동료 개개인이 조화를 이루고 유쾌하게 만족을 얻는다는 것을 긍정하도록 요구하며, 이를 믿고 있다. 하느님의 사랑과 조화, 평화와 아름다움이 나의 사고나 언어, 그리고 행동으로부터 흘러나온다. 나 자신 속에 밀폐된 빛을 끊임없이 나는 방사한다. 나는 행복하며 기쁨에 넘쳐 있으며 어떤 것에 의해서도 구속됨이 없이 열심히, 그리고 원기에 넘쳐 있다. 살아 있는 사람들에게 줄 수 있는, 이 지상에 있어서의 하느님의 선善과 모든 사람의 타고난 신을 나는 무한한 기쁨으로 받아들인다.

그로부터 두 달 뒤 부인은 엄청난 승진을 하여 법률 사무소 전체의 관리를 떠맡게 되었다.

어머니가 이룬 기적

비버리 힐에 사는 어떤 어머니는, 자기 아들이 의과 대학 마지막 시험에 낙제한 것에 몹시 실망하고 근심의 날들 속에 있었다.

그러나 이 어머니는 나의 제안에 따라 잔소리를 늘어놓으며 아들의 일을 근심하는 대신에 자기 아들이 졸업 증서를 받게 되는 졸업식 날의 광경을 마음속에 그리기 시작하였다.

거의 날마다 어머니는 그와 같은 광경을 지극히 명료하게 마음속에 그릴 수 있었다. 지극히 자연스럽게, 그리고 즐겁게 느끼면서 그려왔다.

어머는 그 아들에게 "졸업을 축하한다."라고 인사하는 광경을 상상하였다. 그리고 매일 세 번씩 적어도 10분이라는 시간을 들여 그녀의 마음속의 영화를 되풀이하고 끝내는 이를 습관화했다.

어머니는 그 어떤 근심이 생길 때마다, 이와 같은 마음속의 영화를 생각하였다. 그녀는 끊임없이 완성된 사실로서 이를 관망했다.

어머니는 또한 자기가 아들의 졸업식에 참석하고 있는 장면을 상상하였다. 그리고 그 꿈이 현실로서 변하는 광경을 보았다.

굳이 부연하면 어머니가 마음의 태도를 바꾼 뒤 아들은 의학 학문에 비상한 흥미를 느끼게 되었고, 모든 면에 있어서 엄청난 향상을 이루었다.

성공과 승리의 기쁨에 찬 어머니의 감정이 광대무변한 힘으로 주관적으로 그 아들에게 전달되고, 아들은 이와 같은 어머니의 요구에 응답한 것이다.

상업을 성공하게 만드는 비결

최근 내가 만나본 어떤 남성이 나에게 다음가 같은 질문을 하였다.

"나는 모든 것이 엉망진창입니다. 모든 일이 얽히고설켜 헤어날 길이 없습니다. 나는 대인 관계에 있어서 원만할 수가 없습니다. 끊임없이 나는 나와 이웃한 사람들의 분노를 일으키고 있습니다."

이 젊은이는 과민증 환자였다. 언제나 짜증이 앞서고, 자기 중심적이며 이기적이었다.

이런 상태에 있으면서도 그는 친구 또는 이웃 사람들과 정상적인 관계를 유지하기를 소원하고, 모든 점에 있어서 그들과 어울려 지내기를 바랐다.

그의 현재의 인격은 그의 습관적인 사고방식이나 어렸을 때 받았던 훈련이나 교화의 모든 결정에다, 그의 마음에 표시된 여러 가지 신념이나 감정적인 기분이 더해졌던 것이다.

그러나 나는 그에게 자기 자신의 변화는 가능한 것이라고 설명해 주었다. 그리고 하느님이 그 자신 속에 살고 있으며, 하느님의 여러 가지 속성, 능력, 장점, 또한 하느님의 모든 모습이 그의 보다 강한 마음속에 깃들여 있어서 그의 개인적인 생활에 이를 부활, 표현시킬 수 있다는 것을 설명해 주었다.

따라서 인격 전체를 바꾸고 빛나는, 행복한, 그리고 기쁨에 찬 엄청난 성공을 위하여 다음과 같은 기도를 그에게 상세히 가르쳐 주었다.

그는 정감 깊게 하루에도 몇 번씩이나 다음과 같은 기도를 긍정했다.

하느님은 위대한 인격으로서 나를 통하여 표현되는 단 하나의 생명입니다. 하느님은 존재합니다. 그리고 하느님의 존재는 오늘 조화·기쁨·평화·사랑·아름다움 그리고 힘으로서 나를 통하여 흐르고 있습니다. 그로써 나는 하느님에게로 이르는 유일한 통로가 되는 것입니다.

하느님 그 전체가, 하느님의 아름다움이, 그리고 또한 하느님의 완전함이 끊임없이 나를 통하여 표현되고 있습니다.

나는 오늘 정신적으로 재생되고 있습니다. 나는 완전한 나 자신을 낡은 사고로부터 분리하여 하느님의 사랑과 빛과 진실을 분명히 나의 경험으로 살리게 합니다. 나는 내가 만나는 모든 사람을 의식하고, 그리고 사랑을 느낍니다. 나는 내가 접촉하는 모든 사람에게 "당신 또한 나 속에서 하느님을 보리라는 것을 나는 알고 있습니다."하고 말합니다.

어떤 사람에게 있어서나 나는 그들 속에서 하느님의 여러 가지 아름다운 점을 실감합니다. 나는 아침과 낮, 그리고 밤마다 실행합니다. 이것이 곧 내가 살아 있다는 하나의 증거일 수 있습니다.

나는 지금 정신적으로 갱신되고 있습니다. 다시 태어나고 있는 것입니다. 왜냐하면 온종일 나는 하느님의 존재를 신앙하고 있기 때문입니다. 나는 거리를 걷고 있을 때나 쇼핑을 하거나 그날그날의 집안일로 걸음을 옮기고 있을 때나, 어쨌든 나의 사고가 하느님, 즉 선한 것으로부터 분리되어 방황

할 때에는 언제나 하느님이 존재한다는 생각을 상기하곤 합니다.

나는 기품이 높으며, 장엄하게 하느님의 존재를 느끼고 있습니다. 고양된 기분으로 나 자신 하느님과 함께 있다는 것을 느끼면서 나는 걸음을 옮깁니다.

하느님의 평화가 나의 영혼 속에 충만합니다.

이 사람이 광대무변한 힘의 여러 가지 속성이나 아름다운 점을 마음을 통하여 건네는 습관을 습관으로 한 다음에는 그의 사람됨 전체가 불가사의 할 만큼 변화하였다.

그는 대인 관계가 순조로워지고 품격이 높아졌으며, 그리고 분별할 줄 아는 사람으로 변모하였다. 그리고 그 어느 곳에 있어서나 그는 활기와 선의를 전달하게 되었다. 그뿐만 아니라 그는 자신의 직업 분야에 있어서 헤아릴 수 없는 성공의 계단을 오르고 있다.

보다 뛰어난 인물로서 향상하는 방법

에머슨은 "종교는 하느님의 인격을 표현하고 있다"고 말했다. 인격의 모든 요소, 즉 사랑·평화·기쁨·아름다움·웃음·행복·힘·조화·리듬·질서·균형 등과 같은 하느님 속에 있는 그 모든 것이다.

하느님은 또한 법法, 그것이다. 우리들이 법을 생각하는 것대로 운영하고, 우리들은 또한 이들 선의나 속성이 우리들을 통하여 흐르기를 요구하고, 느끼고, 알기 시작할 때에 신적인 인격을 밖으로 표현하게 된다. 그리고 이로써 우리는 보다 행복해진다.

'피어즌'이라는 말은 라틴어의 '피어소나'에서 비롯되었다. 그리고 이전에 이 말은 그리스의 배우들이 썼던 가면을 의미했다.

고대에 있어서는 그리스의 배우들은 가면을 쓰고 그 가면에 묘사된 사람의 배역을 연기했다. 배우는 그 면面이 암시하고 있는 인격의 특징이나 장점을 면面을 통하여 각색했던 것이다.

감정 이입하여 조화와 이해를 쌓은 비서 이야기

사전을 보면 감정 이입이란, "자연의 풍경이나 예술 작품 따위에 자신의 감정이나 정신을 불어넣거나, 대상으로부터 느낌을 직접 받아들여 대상과 자기가 서로 통한다고 느끼는 일."이라고 정의하고 있다.

이는 어쩌면 '호의적인 이해'라고 부를 수 있을는지도 모른다.

우리 단체의 비서인 라이트 부인이 그 이전 근무했던 어느 직장에서 한 소녀에게 이와 같은 기법을 어떻게 적용하여 이용하였나를 나에게 이야기한 적이 있다.

이 소녀는 적의가 몹시 강하여 모든 일에 반항적이었고, 몹시 소란스러운 아가씨였다. 두 사람 사이의 오해는 점점 늘어나 날이 가면서 더욱더 깊어갈 수밖에 없었다.

그 결과 라이트 부인은 매일같이 조용히 정화하여 또 다른 부인의 마음속에 그녀 자신을 투영하고, 또 다른 부인의 눈을 통하여 자기 자신을 주의 깊게 지켜보았다. 그리고 그때 보았던 것을 정정했다.

"하느님의 평화와 이해가 우리들을 최고로 지배하고 있다. S양을 생각할 때는 언제나 '귀엽고 친절하며 협조적이고 조화를 이룬 사람'이라고 말합니다."

그로부터 약 일주일 후 그 소녀가 라이트 부인을 식사에 초대하였다. 방문 중에 두 사람은 그들이 공통된 취미를 다분히 가지고 있다는 것을 알고 놀라워했다. 이윽고 이들 두 사람은 직장에서도 훌륭한 동료가 된 동시에 보다 친숙한 친구가 되었다.

말을 안 하게 된 누이동생

종교과학협회의 후원으로 샌프란시스코에서 강연할 때의 일로 극히 최근에 있었다.

오랜만에 만난 여자 친구와 호텔에서 아침 식사를 같이했다. 그리고 그 자리에서 그녀는 나에게 다음과 같은 이야기를 하였다. 즉 하나뿐인 자신의 여동생이 자신과 이야기하기마저 꺼리게 되었다는 것이다. 그러면서 그녀는 이렇게 이야기했다.

"내가 어쩌다 전화라도 걸면 동생은, 나 지금 바빠요. 그러니까 다음에 걸어 주세요. 이렇게 어처구니없게 전화를 끊어버린답니다."

그녀는 동생의 태도를 이해할 수가 없었다. 얼핏 보기에 그것은 지극히 불합리하며, 어리석게 생각되었다.

나도 그 이야기를 듣고, 이런 말로 그녀를 위로해 보았다.

"만약 동생이 결핵과 같은 병에 걸렸다고 한다면 결코 화를 내어야 할 이유가 없지 않겠습니까?"

"물론 그렇다면야 화를 낼 이유는 없을 테죠. 오히려 동정을 하게 될 테니까요."

나는 그녀에게 덧붙여 말했습니다.

“동생은 이른바 마음의 결핵 같은 것에 걸려 있을 거예요. 많은 사람이 지금 병적으로 왜곡된 정신 상태에 놓여 있으니까요. 이것은 마치 정신적인 곱사등이와도 같은 것이라는 것을 이해하세요.”

갑자기 그녀는 알코올 중독자나 조현병을 앓고 있는 사람들의 편집병적인 행동을 꾸짖을 수가 없듯이 동생의 태도를 꾸짖어 보았자 별수 없다는 것을 이해하게 되었다.

“알겠어요. 나는 동생의 정신적인 병이나 나에 대한 적의를 꾸짖지 않겠어요. 성 바울이 말했듯이, 내가 그녀에게 해주어야 할 일은 오직 사랑뿐입니다. 나는 참되게 그 아이를 사랑하고 있으며, 그 아이를 위하여 생애의 모든 축복을 소망합니다.” 하고 그녀는 말했다.

이어 그녀는 다음과 같이 기도하였다.

“나는 완전하게 나의 동생을 하느님에게 인도합니다. 그리고 사랑과 평화와 선의를 그 아이를 향해서 뿌리겠습니다. 그러면 우리들 사이에는 조화와 평화와 신성한 이해가 존재한 것입니다. 나는 그 아이를 자유롭게 하고, 그리고 손에서 놓아줍니다.”

그로부터 2 ~ 3일 후 그녀의 동생에게서 전화가 걸려왔다. 전화로 그녀의 동생은 그동안에 있었던 자기의 무례함이나, 그 외 모든 잘못에 대해 사과하였다. 그리고 다음과 같은 말을 했다.

“약혼을 취소당한 뒤부터 나는 언니뿐만 아니라 그 외 많은 사람에 대하여 이유도 없이 저항을 느꼈어요.”

즉 스스로의 잘못을 솔직히 시인했다.

나의 여자 친구는 정신적으로나 감정적으로 몹시 원숙한 사람이었는데,

자기 동생의 흉하게 일그러진 정신상태를 지나치게 근심해 왔다.

만약 당신이 이와 같은 사실을 충분히 이해하고 있다면, 당신은 결코 화를 내거나, 남을 비난하거나 또는 남의 일그러진 마음을 보복하려 하는 따위의 어리석은 일은 하지 않을 것이다.

분명히 기억하라. 당신은 곱사등이 된 사람을 증오하지는 않을 것이다. 그보다는 오히려 당신이 그와 같은 불행에서 벗어날 수 있었다는 사실에 고마워하고 있을 것이다.

인격이 일그러진 사람은 지극히 불행하다. 그는 언제나 마음속에 형언할 수 없는 불만이 있다. 그런 사람들은 자기 자신에 대하여 지극히 친절하며 관대한 사람들을 저주한다. 왜냐하면 사람들의 너무나 평온하고 명랑하고 평정된 모습을 보면 자기 자신이 짜증스러울 뿐만 아니라 흐트러진 자신의 감정 상태를 너무나 뚜렷하게 느끼게 되기 때문이다.

자기 자신이 그 사람들의 경지에 이를 수 없다는 불만이 그를 압박한다.

불행이란 이를테면 또 다른 불행을 갈구하는 것이다.

황금률을 적용한 결과

철학 박사의 학위를 가지고 있는 어떤 남자와 이야기를 나눈 적이 있다.

그는 자신의 박사 학위가 성공과 명성을 보증해주리라는 것을 완벽하게 믿고 있었다. 그리고 자신은 분명히 인정받을 것이라는 사실을 굳게 믿고 있었다.

그러나 그보다 못한 사람들, 즉 별다른 학위나 자격증도 가지지 못한 사람들이 훨씬 많은 돈을 벌고, 그리고 더 과중한 책임을 다하고 있는 사람이 많다는 사실을 깨달은 것이다.

나는 이 젊은이에게 뛰어난 철학 박사나 언어 학자나 교수나 의사, 그리고 이와 마찬가지로 능력 있는 많은 사람, 즉 그와 꼭 같은 불만을 지닌 사람들이 현재 로스앤젤레스의 스키드 로우나 뉴욕의 볼리 등에 숱하게 살고 있다는 것을 이야기해 주었다.

이들은 일반적으로 자기들의 고민을 알코올이나 여자 때문으로 생각하고 있지만, 그 참된 이유는 자기 경시나 자기 비난, 그리고 자기혐오에 있으며, 아울러 광대무변한 힘의 보고와 영지에 접촉할 수 있는 능력이 없기 때문이다.

광대무변한 힘, 이것이야말로 그 사람들을 행복과 자유, 그리고 평화로 이어지는 공도公道로 인도하는 유일한 힘이다.

그들은 자신을 저주하고, 스스로의 존재 가치를 인정하지 않으며, 참된 자기표현을 꺼리고 있다. 다시 말해서 그들의 습관적인 사고방식이 그들을 불행과 번민과 가난의 구렁텅이로 몰아넣고 있는 것이다.

그들은 대부분이 고등교육을 받고 있으므로 언젠가 한 번은 각자의 분야에서 상당한 지위에 올랐던 사람들이다. 알코올 중독, 마약 중독, 정신이상 등 그들의 이상적인 행동은 그들 스스로가 왜곡되게 표현하는 인격 때문일 따름이다.

나와 이야기를 나눈 사람은 지극히 비관적이었으며, 자기 동료들에 대한 질투심이 강했다. 그는 동료들에게 몹시 불쾌한 감정을 지니고 있었다. 요컨대 그의 고민은 황금률을 실행하지 못한 데에 기인한다.

나의 제안을 받아들여 그는 다른 사람이 자기에게 해주었으면 하고 바라는 것을 자기가 먼저 다른 사람들에게 실천하기 시작하였다. 그는 언제나 웃음을 잃지 않았으며, 친절하고 우아하게 행동했다. 그리고 모든 동료에게 영합적인 태도를 보이기 시작했다.

이러한 몸가짐을 습관화하는데 노력한 결과, 그는 오늘날보다 친절하고, 누구에게나 호감의 대상이 되어 있다.

이제 그의 성공은 보장된 것이나 다름없다. 그리고 이를 뒷받침하듯이 그는 놀라운 승진을 계속했다.

지금부터 당신의 사고방식을 바꿔라. 당신의 생활에 변화를 이루라.

연령 제한없이 당신은 필요한 존재이다

에머슨은 이렇게 말했다.

"위대한 대령大靈이라는 것은 내가 있는 장소에 하나의 기관이 필요하다. 아니면 나는 이 자리에 존재하지 못하였을 것이다." 대령이란 에머슨의 사상에서 만물을 낳게 하는 지대한 존재를 가리킨다.

때때로 나는 "아이들이 이제 모두 어른이 되었습니다. 이제 그들은 내가 필요하지 않으며, 나를 찾아오지도 않습니다." 라고 말하는 사람을 만날 때가 있다.

분명히 기억하라.

하느님과 하느님의 질서에 따라 움직이는 세계에서는 언제나 당신을 필요로 하고 있다. 필요하지 않은 사람, 또는 존재 가치가 없는 사람이란 있을 수 없다. 우리들 개개인은 그 모두가, 완전한 창작물이라는 대교향곡의 각 개의 소리표이다.

당신에게는 연주에 필요한 특별한 역할이 있다.

성경에는 다음과 같이 적혀 있다.

"외치는 자의 소리여 가로되 황야에서 여호와의 길을 예비하라. 사막에서 우리 하느님의 대로를 평탄케 하라."

이사야서 제40장 3절

혼란, 결핍, 그리고 제한된 불리한 조건의 사막이란 바로 당신 자신의 마음을 가리킨다. 그리고 이제야말로 당신은 원망이라는 형태를 통하여 하느님의 필요에 따라 일어설 시기이다. 그리고 자기 자신을 보다 높이도록 가르치는 내재하는 목소리에 귀를 기울일 시기이다.

자신에게 다음과 같이 말하라.

"하느님이 이와 같은 소망을 나에게 주셨다. 그리고 신성한 질서에 따라 하느님은 나에게 이를 성취하기 위한 완전한 계획을 표현해 주신 것이다."

당신이 이와 같은 진실을 고수할 때 길은 열리고 당신의 광야에는 빛이 들어 장미꽃 인생이 열린다.

"그렇다"라고 대답하라

성경에는 이렇게 말하고 있다.

"오직 너희말은 옳다 아니다 하라. 이에서 지나는 것은 악으로 좇아 나느니라."

마태복음 제5장 37절

당신의 생명을 치유하고, 축복하고, 격려하고, 높이고, 그리고 강화하는 모든 관념에 대하여 "옳다!"하고 대답하라. 영원한 진리와 생명의 정신적인 가치만을 받아들인다는 명확한 결론에 도달하라.

그런 다음 이를 당신의 인격으로써 의식적으로 조립하라. 스스로 하느님의 지혜나 하느님의 마음과 같다는 것을 느끼고 기쁨을 누리라. 그리고 당신은 하느님의 아들이라는 여러 가지 놀라움을 깊이 생각하라.

금지나 구속 등 당신의 마음에 공포를 일게 하는 모든 가르침·사상·사고 방식·신조·독단설獨斷說 등에 "아니다!"하고 용감히 대답하라. 다시 말해서 당신의 영혼은 기쁨으로 넘치게 할 수 없는 그 모든 것을 정신적으로 받아들일 필요가 없다.

하느님은 생명이며, 곧 당신 자신의 생명이라는 것을 깨달아야 한다.

하느님은 또한 사랑이다. 그리고 하느님의 사랑이 지금 당신의 영혼에 넘쳐 있다.

하느님은 또한 기쁨이다. 따라서 당신은 기쁨을 충분히 표현할 수 있는 것이다.

하느님은 영지英知이다. 그 때문에 당신의 지성보다 높은 곳으로부터 내리는 빛에 의하여 끊임없이 정화되고 있다.

하느님은 또한 평화이다. 그렇기에 당신은 당신의 생활 그리고 당신의 행동을 통하여 하느님의 평화에 관하여 더욱 많은 것을 이야기할 수 있는 것이다.

이와 같은 진실을 매일 마음속으로부터 실감하는 습관이 붙게 됨에 따라 당신은 빛나는 인격을 발휘하게 된다. 그리고 모든 면, 모든 일에 있어서 행복의 대도大道를 찾게 될 것이다.

우울과 장해를 이겨내는 방법

성경에서는 다음과 같이 가르치고 있다.

"골짜기마다 돋우어지며 산마다, 언덕마다 낮아지며 고르지 아니한 곳이 평탄하게 되며 험한 곳이 평지가 될 것이요."

이사야서 제40장 4절

당신이 절망과 낙담과 우울증의 골짜기에 있을 때 당신 속에 존재하는 하느님의 방향을 뒤돌아보고 그 모든 원인이 외부 사항이나 조건에 있는 것이 아니라는 사실을 깨달아야 한다. 모든 것은 사라지고 모든 조건은 결코 또 다른 조건을 만들어내지는 못한다.

근본적인 원인은 당신의 사고와 감정에 있다. 즉 당신의 마음가짐과 당신이 믿고 있는 수단 그것이 원인이 된다. 조건이나 환경이나 그 모든 것의 참고가 될 뿐이므로 당신은 이를 거부하거나 또는 받아들이거나 할 힘을 가지고 있다.

따라서 무한한 영지英知가 그 길을 계시해 준다고 판단하라. 당신의 광대무변한 사고에 의하여 이러이러하게 되었으면 하고 바라는 상태를 깊이 생각하라. 그러면 모든 문제는 해결되고 장해나 자랑이 되는 언덕도 평탄히 이루어질 것이다.

하느님의 법칙과 질서가 당신을 지배한다고 주장할 때 생활의 성쇠나 운세에는 조화가 이루어지고 동요를 일으켜 기복이 있는 땅을 고루 가꾸어 주며 험난한 땅은 평지가 된다. 즉 당신은 성장하고 완성되며, 질병·사고·손실 등의 우회迂廻나 에너지, 시간 그리고 노력 등의 어리석은 낭비 없이 더욱 향상하여 균형된 생활을 시작할 수 있게 된다.

당신이 언제나 광대무변한 힘을 주시할 때 당신이 자기 속에 있는 보편적인 영지英知에 파장을 맞추어 사고나 감정을 통하여 이상의 영지와 접촉할 때 모든 장해나 지체, 또는 고장이나 곤란은 소멸하고 당신의 생활에서 보는 사막에도 참된 기쁨의 장미꽃을 피우게 될 것이다.

요약—권력을 얻기 위한 조력

① 당신의 사고 형태를 바라보라. 그러면 당신은 자신의 운명을 바꿀 수 있다.

② 마음의 사용법에는 정상적인 방법과 그릇된 방법이 있다. 충만한 행복한 생활을 보내기 위해서는 광대무변한 힘의 원리에 따라 생활하여야 한다.

③ 무한의 지혜에 호소할 때, 그는 곧 응답한다. 그리고 당신이 당면한 문제를 해결하기 위하여 적당한 무대 장치를 만들어 준다.

④ 더욱 값진 정신적인 처방이란 당신과 함께 일하는 모든 사람의 생활에 축복을 이루도록 소망하는 길이다. 다른 모든 사람을 위한 당신의 소망은 곧 당신 자신의 소망으로서 당신 앞에 이르게 되기 때문이다.

⑤ 마음속과 머릿속에서 그려낸 영화를 영사하여 행복한 종결을 보라. 때로 꿈이 성취되었을 때의 일을 상상하도록 하라. 그러면 바로 그것이 당신의 생활 속에 현실화된다.

⑥ 당신의 정신과 마음을 통하여 하느님의 특질과 사랑이 흐르도록 습관화하면 당신은 새롭고 뛰어난 보다 새로운 인격의 형성을 보게 된다.

⑦ 당신이 당신의 이웃 사람들과의 관계를 원만히 해나갈 수 없다고 하면, 그때는, 그들을 이해하려는 노력으로 감정 이입을 실행하라.

⑧ 다른 사람들의 마음을 통하여 상황을 관망하라. 동료 친척들의 비뚤어진 정신상태에 대하여 필요 이상 신경을 쓰지 말라. 왜냐하면 당신에게는 신

경을 써야 할 책임이 없기 때문이다. 평화와 사랑과 선의를 당신의 이웃에도 방산放散하라. 그러면 하느님의 이해가 그와 같은 상황을 정정해줄 것이다.

⑨ 광대무변한 지혜의 대령大靈, 즉 하느님은 당신이 현재의 장소에 있어 주기를 원하고 있다. 그렇지 않다면 당신은 현재의 위치에 있을 수 없기 때문이다. 당신은 지금 소망 되고 필요한 존재로서 인정되고 있다.

⑩ 당신의 영혼을 축복하고, 치유하고, 고무하며, 그리고 드높이며 모든 광대무변한 생각에 대하여 "그렇다"라고 대답하라.

⑪ 당신이 우울증에 사로잡히고 의기소침해 있을 때는 당신 속에 있는 광대무변한 힘의 방향으로 눈길을 돌려라. 당신의 영혼을 하느님의 사랑의 냇물로 충만하게 하라. 모든 고난이 소멸하는 새날을 맞게 될 것이다.

05
광대무변한 치유력의 이용법
Miracle of mind pynamics

오늘날 전 세계의 갖가지 주의를 가진 사람들이 정신적, 또는 영적 법칙을 적용하면 위대한 치유의 결과가 나타나는 사실에 점점 눈을 떠가고 있다.

의학, 정신 의학, 심리학 등의 모든 분야, 그리고 그 외 각 관계 분야에 있어서 여러 가지 질병의 배후에는 정신과 감정의 충돌이 있다는 증거가 제시되고 있으며, 또한 기사로서 소개되기도 한다.

병자의 의식하는 마음이 그의 잠재의식을 하느님의 뜻에 맞는 방향으로 향하게 할 때, 정화淨化되며 그리고 무한한 치유의 영靈이 해방됨으로써 치유의 기적이 나타난다.

불구이던 손이 나았다

다음의 기술은 무한한 치유력이 지니는 힘을 입증하고 있다. 즉 당신이 무엇을 요구할 때 어떻게 대답해 주는가를 사실 그대로 증명하고 있다.

친애하는 머피 박사님.

나는 왼쪽 손목에 골절상을 입은 사람입니다. 손과 손목의 뼈가 부서져 의사는 뢴트겐을 비춰 상태를 보아가면서 부서진 뼈를 이을 수밖에 없었습니다.

그러나 결과는 절망적이었습니다. 즉 그 한쪽 손은 불구를 면할 길이 없으며, 따라서 또 다른 한 손으로 이를 보조할 수밖에 없다는 것입니다.

나는 비서 일을 하고 있으므로 그 일을 계속하려면 두 손을 모두 써야만 합니다.

상황은 절망적이었으나 결과는 그렇지만도 않았습니다. 치유의 힘이 나의 손과 손목의 뼈와 근육을 건전한 상태로 되돌려 주었고, 전과 같이 회복하게 하였습니다.

3개월 반 만에 나는 비서 일을 다시 계속하게 된 것입니다.

3개월 반 동안 나는 줄곧 다음과 같은 기도를 되풀이하였습니다.

"내 손목을 만들어주신 창조의 지혜가 지금 나를 완전히 치유하게 만들고 있다."

의사는 이런 말을 하였습니다.

'손목은 관절염에 걸려서 날씨가 변할 때 아픔을 느낄 것입니다.'

이것은 7년 전의 일이었습니다.

오늘날 나는 손을 자유로이 사용하고 있으며, 관절염 증세는 나타나지 않고 있으며, 날씨가 변한다고 하여 이상적인 증상도 나타나지도 않았습니다. 실제에 있어서 나의 왼손과 그 손목은 오른손보다도 훨씬 유연하고 부드럽습니다.

다시 한번 나는 박사님에게 고마움을 전합니다. 즉 박사님이 가르쳐 주신 치유력의 이용법과 그 모든 가르침에 고마움을 드리는 것입니다.

나는 이 부인이 의식과 잠재의식에 관하여 완전한 지식을 가지고 있으며, 내가 쓴 책《잠자면서 성공한다》를 깊이 이해한 사람이라는 것을 부인의 편지에서 덧붙이고 싶다.

정신적인 요법이란 특히 명확한 목적을 위하여 의식과 잠재의식 쌍방의 마음 기능을 동시에 조화있게 작용시키는 데 있다.

이 부인은 손목이 불구가 될 것이라는 의사의 진단을 완전히 거부하고, 자기 손을 만든 무한의 지혜가 틀림없이 낫게 해주리라는 것을 깊이 믿었던 것이다.

이러한 신념이 그녀의 잠재의식 깊은 곳으로 침전한 데서 치유의 기적은 일어났다.

신장병과 골절이 나은 이야기

다음의 편지는 광대무변한 마음에 내재하는 치유력의 뛰어난 힘을 입증하고 있다. 이 편지의 주인공은 어느 부인이다.

친애하는 머피 박사님.

당신은 이제까지 몇 번이나 나를 도와주셨습니다. 그중에서 가장 고마웠던 일을 선정한다는 것은 어려운 일입니다.

그러나 나는 언젠가 심한 통증으로 괴로워했던 일을 기억합니다. 그리고 우리의 가정의家廷醫가 휴가여서 두 분의 새로운 의사가 나를 진단한 것입니다. 그들의 진단 결과는, 오른쪽 난소에 고름집이 생기고 신장에도 궤양의 증세가 있다는 것이었습니다. 나는 그로부터 기도를 시작하였습니다. 그러자 하룻밤 사이에 심한 아픔이 사라졌습니다. 그리고 궤양도 고름집도 모두 흔적도 없이 사라졌습니다.

나의 잠재의식 속에 있는 모든 것을 치유하는 하느님의 사랑이 순간적으로 나를 괴롭히던 모든 원인을 소멸시킨 것이라고 생각하였고, 나는 이를 마음속으로부터 확신하였습니다.

그러자 기적이 일어난 것입니다.

나는 박사님도 또한 나를 위하여 기도하여 주셨다는 것을 알고 있습니다. 그리고 그에 대하여 깊은 고마움을 표합니다.

그러나 실제에 있어서 보다 기적적인 현상은 우리 어머니에게서 나타났습니다. 어머니는 85세 때 높은 곳에서 떨어져 골반과 어깨뼈를 다친 일이 있습니다.

이에 엎친 데 겹치는 격으로 폐렴을 일으켰습니다. 어머니를 진찰한 의사는 절망적인 진단을 내렸습니다. 즉 설사 어머니가 회생하신다고 하더라도 걸어 다니는 것이 불가능하여 휠체어를 이용하여야 한다는 것입니다. 그러나 어머니는 "그건 의사의 생각일 뿐이지."하고 경시하여 웃어버린 뒤 기도를 시작했습니다.

결국 어머니는 자신의 신앙과 박사님의 기도로써 그로부터 3개월 뒤에는 지팡이도 없이 걸을 수 있게 된 것입니다.

박사님, 우리들 모녀의 이름을 공표하셔도 좋다는 것을 말씀드립니다. 어머니의 이름은 메이드 스패로우입니다.

—캘리포니아주 로스앤젤레스

미세스 엘릭 마로우.

광대무변한 치유의 사용법

정신적 치유의 참된 방법은 마법의 지팡이를 휘두르는 데에 있는 것이

아니라 오히려 전 세계 인류나 사물 전부를 창조한 내재하는 광대무변한 힘에 대한 인간의 정신적인 반응 속에 있다 할 수 있다.

정신적 치유가 신앙의 치유와 같은 것은 아니다. 신앙에 의한 치유자는 의식과 잠재의식의 힘에 관하여 아무런 지식을 가지지 못하며, 또한 과학적인 이해도 없이 나아버리는 그런 사람이다.

그는 스스로 마법과도 같은 천부적 재능을 지니고 있다고 주장할는지도 모른다. 그리고 병자가 그와 그의 힘을 맹목적으로 믿는 데서 효과를 얻게 될지도 모른다.

정신적인 임상 의사는 자기가 지금 무엇을 하고 있으며, 무엇 때문에 그렇게 해야 하는가를 알고 있음이 분명하다.

그는 치유의 법칙을 알고 있다. 마음의 법칙이란 당신이 당신의 잠재의식에다 인상을 새겨넣은 모든 형태, 기능, 경험 그리고 나타난 현실로서의 표현, 그것이다. 평화와 조화, 건강, 그리고 완전이라는 관념에 깊은 관심을 가지고 성실하게 유념하여 이와 같은 사고를 인상으로 남기라. 그러면 당신의 사고나 감정은 광대무변한 힘으로부터 치유의 회답을 유도할 것이다.

눈먼 재단사가 빛을 찾은 이야기

최근 나는 점차 시력이 악화하기 시작한 어떤 양복 재단사와 이야기한 일이 있다. 그는 몇 번인가 망막 출혈을 일으킨 경험이 있었다. 의사는 그에게 재단사로의 일을 중단하고 시골에 내려가 휴양을 하는 것이 좋겠다고 권고하였다.

그는 재단사로서의 실력은 그 누구에게도 뒤지지 않는 뛰어난 기사였으나 시력은 점점 나빠져 가고 있었다. 나의 오랜 친구인 그의 주치의는 그에게 나를 추천하였다. 그의 가정생활에 대해서 나와 상의해 보도록 권고한 것이다.

눈에 관해 이야기하는 사이에, 나는 이 재단사가 의붓어미의 시력을 증오하고 있다는 것을 알았다. 자신의 의붓어미는 지난 몇 년 동안 자신의 집에 살아왔는데, 성질이 급한 데다 이기적이어서 자신은 항상 번민했다고 한다.

나는 그에게 우선적인 방법을 제시했다.

"의붓어미 되는 분에게 당분간 당신과 떨어져 살 것을 제안해 보십시오."

그는 즉각 이를 실행하였다.

또한 그와 동시에 그는 의붓어미를 위하여 생애의 모든 축복을 소망하였다.

그 결과 그의 잠재의식으로부터 모든 원한과 적의가 사라져 버렸다.

날마다 10분 또는 15분 동안 그는 다음과 같이 대담하게 긍정했다.

"밤이나 낮이나 나에게는 모든 사람과 모든 사물 속에 있는 하느님의 사랑, 빛, 진실, 그리고 아름다움이 보이고 있다. 하느님은 지금 나를 치료하고 있다. 그리고 나는 나의 완전한 시력에 고마워하고 있다."

그로부터 얼마 뒤 나는 다음과 같은 짧은 편지를 받았다.

> 친애하는 머피 박사님.
>
> 덕분에 나는 눈이 나았습니다. 나는 지금 박사님께 무한한 고마움을 느끼고 있습니다. 나 자신이야말로 바로 눈병의 원인이 되고 있다는 이야기를 박사님에게 들었을 때, 나는 곧 눈이 뜨였습니다. 지금 나의 시력은 정상이라고 의사는 말합니다. 따라서 나는 재단사의 일을 그만둘 필요가 없게

되었습니다.

하느님이 당신을 축복해 주시도록 기도합니다.

시대를 초월한 치유의 기적

기적은 자연의 법칙에 대한 침해는 아니다. 기적은 불가능한 것을 입증하지는 않는다. 기적은 오직 가능성 있는 것만을 입증하고 있다.

기적은 사람들이 이제까지 알고 있었던 법칙보다 한층 고도의 법칙을 인정하였을 때 비로소 발생한다.

어떤 작가의 고민

다음의 편지는 아널드 부인의 것이다. 욕구의 불만을 제거하기 위해 그녀가 치유의 원리를 어떤 방법으로 이용하였는가를 제시하고 있으므로 이를 인용하여 소개한다.

아널드 부인은 원고를 쓰는 데 엄청난 시간과 노력을 들이고 있었는데, 아무래도 제복이 적합하지 않다고 느껴온 것이다.

친애하는 머피 박사님.

지난 몇 주일 동안, 나는 내가 쓰고 있는 원고의 표제를 정하기 위해 여러 가지 제목을 생각해 왔습니다. 일요일에는 나는 꼭 교회에 가야 한다고 생각하고 있었습니다. 그러나 여러 가지 집안일 때문에 출발이 늦어져 나는 서둘러 교회로 가야만 했습니다.

이벨 강당에 들어갔을 때 나는 우선 조용히 꿇어앉아 이렇게 기도하였습니다.

"오늘 하느님께서 내 원고 제목을 내려주시리라는 것을 나는 알고 있습니다. 나는 분명히 그럴 것을 믿습니다."

강의가 시작되는 사이에 박사님께서 "지식만으로는 오늘날 모든 사람이 직면하고 있는 여러 가지 문제를 해결할 수 없습니다."라고 말씀하실 때까지는, 나는 스스로 신앙을 가지고 있다고 자인하고 있었음에도 불구하고 그와 같은 진리를 깨닫지 못하고 있었습니다. 의식의 표준만으로 모든 문제를 해결하려 한다는 사실, 즉 그러한 나를 깨닫지 못하고 있었던 것입니다.

그러나 그때 박사님께서 늘 말씀하시듯 마치 토스터에서 토스트 한 쪽이 튕겨져 나오듯이 전혀 생각지도 못했던 제목이 나의 마음속에 떠오른 것입니다.

그것은 내가 쓰려고 하는 원고의 내용과 완전히 일치하는 것이었습니다.

얼마나 기뻤더니 나는 그만 웃음을 터뜨릴 뻔하였습니다.

나는 비로소 깨달았습니다. 잠재의식에 의존하여 불가능을 가능하게 하는 것이 얼마나 단순한 일인가를 깨달은 것입니다.

친애하는 머피 박사님. 박사님에게마저 나는 이 제목을 가르쳐 드리고 싶지 않습니다. 이 제목은 원고에 대한 열정을 새로이 불러일으키기 위해서도 꼭 필요합니다. 따라서 나는 지금 내가 느끼고 있는 강적을 약화시키고 싶지도 않으며, 그에 대하여 지나친 자랑을 함으로써 회답의 효과를 약화하고 싶지도 않습니다. 고맙습니다.

—캘리포니아주 로스앤젤레스

미세스 J. K. 아널드.

이 광대무변한 치유력이 모든 치유에 작용하는 것과 마찬가지로 모든 사람이 하는 일, 또는 전문 사회에 있어서도 작용한다는 것을 아널드 부인은 명확히 이해한 것이다.

궤양을 치료한 학교 교사

다음에 인용하는 것은 어느 학교 교사로부터의 편지이다.

친애하는 머피 박사님.

나는 지난 몇 달 동안 병이 완치되도록, 그리고 직업상에 있어서 성공을 거둘 수 있도록 기도해 왔습니다.

약 1개월 전의 어느 일요일 아침 나는 박사님께서 윌셔 이벨에서 가진 강연에 참석한 적이 있습니다. 그때 강의의 제목은 〈치유력의 사용법〉이었습니다.

박사님께서 말씀하셨듯이 나는 무의식적인 쑤시고 아픔은 반복적이었고, 고로苦勞를 되풀이하였고, 끊임없이 학생들이나 교장 선생님과의 알력 또한 되풀이하고 있었다는 것을 분명히 깨달았습니다.

나는 학생이나 학부모, 그리고 학교 당국을 비난하는 습관이 있었습니다. 또한 나는 병이 들었다 하여 나 자신을 비판하고, 비난하는 지극히 옳지 못한 습관도 있었습니다.

나는 승진에 대하여는 완전히 절망적인 상태에 있었습니다.

강연이 진행되는 동안 나는 박사님께서 나를 상대하여 이야기하고 계신다는 우연한 생각이 들었으면서도 나는 1,300명이나 되는 청중 속에서 박사님이 나의 존재를 의식하고 있을 리가 없다는 것을 고집하고 있었습니다.

박사님의 강연이 계속되는 동안 파격적이고 부정적인 생각이나, 또는 마음속에 그렸던 그 어떤 영상에 의하여 실제로 나 자신 속에 있던 생명의 부분을 낭비하고 있다는 사실에 눈이 뜨였습니다. 나는 박사님의 가르침에 따랐습니다. 그리고 나 자신 속에 있는 무한의 치유자와 관계하기 시작했습니다. 나는 박사님께서 가르치신 묵상을 이해하고, 이를 긍정한 것입니다.

"하느님이 우리에게 주신 것은 두려워하는 마음이 아니요 오직 능력과 사랑과 절제하는 마음이니."

디모데후서 제1장 7절

나는 관대하여 언제나 존재하는 선善한 것으로서의 하느님에 확고하며, 흔들림 없는 신앙을 가졌다.

나는 용기를 찾고, 활발하게 완전한 치료를 찾을 것이다. 이제 승진은 나의 것이다.

학생과 동료 그리고 내 주위 사람들 그 모두에게 나는 사랑과 선의를 확산시키며 마음속으로부터 그들 전부를 위하여 평화와 기쁨과 행복을 소망한다.

하느님의 지혜와 영지가 나의 학급 학생들에게 활기를 주고, 그들을 뒷받침한다. 이로써 나는 생기를 찾고 고무된다. 부정적인 것을 생각하게 될 때는 나는 곧 하느님의 치유하는 사랑에 관하여 생각할 예정이다.

박사님의 그 날 강의에 저는 지금 고마워하고 있습니다. 궤양도 지금 완치된 상태입니다. 또한 그렇듯 바라왔던 승진도 하였으며, 동료와 학생들과의 관계도 지극히 조화롭게 되었습니다.

동기는 간단합니다. 끊임없이 활기와 기쁨을 나타냄으로써 학급의 학생들이 내가 잠재의식에 대하여 발산하는 애정, 선의, 신뢰를 믿게 된 것입니다. 나는 분명히 이해하고 있습니다.

—E. R. S.

공식으로 뇌전증을 낫게 한다

이 글을 쓰고 있을 때 마침 나는 다음과 같은 한 통의 편지를 받았다.

친애하는 머피 박사님.

나는 라디오 프로그램을 통하여 날마다 박사님의 강의를 듣고 있는 사람 중의 한 사람입니다.

오늘 아침에는 박사님이 어느 청취자에게서 받은 편지, 즉 치유의 경험담을 써 보낸 편지를 소개하는 것을 들었습니다. 박사님, 내가 겪은 치유의 경험담도 그에 못지않은 것이니, 들어주시기 바랍니다.

나에게 뇌전증이 생긴 지 4년이 됩니다. 애초에는 어떤 원인으로 이와 같은 발작이 생긴 것인지 알지 못하였습니다. 나는 날마다 최면제를 서너 알씩 복용하고 항상 잠이 들어 있었습니다.

그러던 어느 날 아침 라디오를 통하여 박사님의 강의를 들은 것입니다. 강의의 내용은 뇌전증에 관한 몸과 마음의 관계에 대한 연구 결과였습니다. 박사님은 압박된 감정, 격렬한 증오, 부모에 대한 적의 등이 이따금 그 원인이 된다고 말씀하셨습니다.

나의 경우 박사님의 말씀이 그대로 적중했습니다. 그로부터 나는 마음속에서 평온할 수 있을 만큼 나의 부모에 대하여 사랑과 선의를 집중하고, 그리고 습관적인 기도를 시작하였습니다.

약 6개월 동안 매일 아침과 밤으로 나는 천천히 "하느님이 지금 나를 치료하고 계시다."하고 되풀이하였습니다.

그러던 어느 날 아침, 지극히 기쁨에 찬 감정이 나 자신 속에서 분수처럼 솟아오르는 것을 느끼고 이로써 나는 치유되었다는 것을 깨달았습니다.

나는 복약을 중단하고 의사를 찾았습니다. 의사는 언제나 똑같이 뇌 검사를 진행하였습니다. 그 결과 이제는 완전하다는 것이었습니다.

지금부터 꼭 4년 전의 일입니다.

박사님께서 라디오에서 말씀하신 "하느님이 나를 치유하고 있다."는 말이 나의 영혼 속에 깊이 파고들었습니다.

나는 영원히 고마워할 것입니다.

압박된 음전기陰電氣는 마이너스의 출구를 가져야 한다는 것은 사실이었습니다. 나의 경우는 뇌전증으로서 그것이 나타난 것입니다.

사랑이 위대한 치유자라는 것은 진실입니다.

—J. D. M.

신앙의 법칙과 그 사용법

생명의 법칙은 곧 신앙의 법칙이다. 그리고 당신 마음속의 사고로서 요약할 수 있을 것이다.

믿는다는 것은 어떤 일을 진실로 받아들이는 것을 말한다. 당신의 의식적이며 추리적인 마음이 진실로서 받아들인 것이면 무엇이든 당신 속에 있는 무한의 지혜와 하나인 잠재의식에 대하여 같은 반응을 일으킨다.

당신의 잠재의식은 당신이 지니는 사고 종류, 당신이 시작하는 조건이나 경험 또는 당신이 습관화하고 있는 사고의 형型에 직립된 이미지 속의 사물에 기초를 두는 창조의 법칙에 따라 활동한다. 그리고 성경에 쓰인 매우 간결한 진리를 증명하고 있다.

"그 마음의 생각이 어떠하면 그 위인도 그러한즉 그가 네게 먹고 마시라 할지라도 그의 마음은 너와 함께 하지 아니함이라."

잠언 제23장 7절

요약—기억할 점

① 당신을 창조한 무한의 치유자는 당신을 치유하고 완전하게 할 수 있다. 유일한 광대무변한 힘만이 존재한다. 그것이 곧 당신 속에 있는 하느님일 것이다.

② 어떤 부인은 무한의 치유자에 대한 요구로써 자기의 불구 된 손을 치유했다. 그것은 그녀의 신앙에 답하여 그녀가 바라는 대로 작용한 것이다. 이른바 불가능한 일이 가능한 일로서 탈바꿈하였던 것이다.

③ 어떤 부인은 하느님의 사랑이 하느님과 유사하지 못한 모든 것을 용해할 수 있다고 깊이 믿음으로써, 난소 낭종과 신장 궤양병을 낫게 하였다.
만약 당신이 종양이 있다고 생각될 때는 우선 그와 같은 생각을 염두에서 제거함으로써 병을 이길 수 있다.

④ 정신적 치유의 경우에, 당신은 우선 자기가 무엇을 하고 있으며, 무엇 때문에 그렇게 하는가를 이해해야만 한다. 참된 정신적 치유란 광대무변한 힘으로 의식과 잠재의식이 과학적으로 유도되어 같은 속도로 동시에 작용하는 그 결합을 말한다.

⑤ 용서하는 정신세계로 들어가 깊은 정情을 담고 의식적으로 다음과 같은 것을 단언하라.
"밤이나 낮이나 점차 하느님의 사랑과 빛과 진실, 그리고 모든 사람 속에 있는 아름다움이 보이기 시작한다."
어느 재단사는 이와 같은 방법으로 시력을 되찾았다.

⑥ 기적이란 인간이 이제까지 알고 있었던 것 이상의 더 높은 수준의 광대무변한 법칙을 인정하였을 때 자연히 일어난다.

⑦ 어떤 작가는 무한의 영지가 해답을 알고 있고, 자기는 지금 이를 받아들이고 있다는 것을 확실하게 이해함으로써 욕구 불만을 낳게 하였다. 그 해답은 토스트가 토스터에서 튕겨 나오듯이 그녀의 마음속으로 뛰어들었다.

⑧ 어느 교사는 몸이 쑤시고 아플 것이나 고통 또는 까다로운 문제에 있어서

되풀이되는 불평을 하지 않고 하느님의 방향으로 자세를 잡았다.

그는 승진, 건강, 그리고 조화를 요구하였다. 그러자 모든 소망이 이루어졌다.

성경에 다음과 같이 쓰여 있다.

"그가 내게 간구하리니 내가 그에게 응답하리라."

시편 제91편 15절

하느님이란 당신이 생각하는 것에 따라 대답하는 당신 속에 있는 무한의 영지인 것을 알라. 즉 불가능을 가능하게 하는 바로 그 힘을 말한다.

⑨ 치유를 위한 공식이 있다.

"하느님이 지금 나를 치유하고 계시다."

바로 이것이 그 공식이다.

어느 부인은 이와 같은 공식을 이용하여 19년이나 계속된 뇌전증을 고쳤다.

06
인생에 성공하는 비결

Miracle of mind pynamics

사람의 삶은 그 모두가 시작부터 끝까지 하느님의 계획에 따라 이루어진다. 유명한 독일의 철학자이며 시인인 동시에 극작가인 요한 괴테는 다음과 같은 말을 하였다.

"인생은 채석장과도 같다. 우리는 어떤 인물을 조형하고 조각하고 완성한다."

성서에는 또한 다음과 같은 말이 나온다.

"내가 온 것은 양으로 생명을 얻게 하고 더 풍성히 얻게 하려는 것이라."

요한복음 제10장 10절

당신은 만족하고, 행복하고, 빛나는 생활을 영위하기 위하여 세상에 존재한다. 세상에 당신의 숨겨진 재능을 공표하고 당신에게 더욱 적합한 생활의 장소를 발견하고 당신 자신을 최고의 지위로 표현하기 위하여 당신은 그곳에 존재한다.

당신이 자신의 참된 장소를 당신의 생활 속에서 발견할 때 당신도 자동으로 굉장한 성공을 거두게 될 것이다. 당신은 더욱 행복하고 건강한 생활을 찾게 된 것이다. 그런 다음에는 인생의 모든 축복이 당신을 뒤따르게 될 것이다.

빛나는 멋있는 생활을 영위할 수 있는 기술을 보다 효과적으로 사용하느냐 아니면 실패하느냐 하는 그 기준은 당신의 습관적인 사고방식의 성질과 이를 바꾸어 본질적으로 재생하려는 참된 소망에 의하여 가늠된다. 생활, 하느님, 당신 자신, 그리고 전 세계에 대한 새로운 관측이나 접근을 시도하여 더욱 새로운 통찰력을 얻으라.

생각하거나, 이야기하거나, 행동하거나, 노래를 부르거나, 자동차를 운전하거나, 또는 상상을 하거나, 느끼거나 하는 것에도 또한 비즈니스나 직업상으로 정당한 방법과 그릇된 방법이 있다는 것을 기억하라.

광대무변한 영지에 의하여 정당한 사고방식, 정당한 느낌, 정당한 행동, 정당한 몸가짐, 그리고 정당한 기도 방법을 배우라.

그러면 당신이 나아가는 모든 길은 쾌적한 상태를 이루고 당신이 나가는 좁은 길에는 행복과 평화가 빛날 것이다.

광대무변한 힘을 믿은 오르간 연주자

다음의 글은 뛰어난 오르간 연주자로서 광대무변한 힘을 믿었던 예술가 라도콜리프 부인으로부터의 편지이다.

존경하는 머피 박사님.

3년 전 나는 인도의 카슈미르 지방을 여행하고 있었습니다.

그때 나는 양쪽 친구의 소개로 저명한 보석상과 스리나가르에서 알게 되었습니다. 나는 그곳 아메리카 상점에서 많은 보석을 구매하고 있었으므로 다른 어떤 나라의 보석보다도 뛰어난 스타 알비나 토파즈, 그리고 사파이어와 같은 800달러나 되는 가치 있는 특제품을 구매했습니다.

나는 이들 보석상의 신용을 조사했습니다.

그 결과는 만족할 만한 것이었고, 비행기로의 세계 일주 여행 중이었던 나는 우선 수표로 지급을 끝내고 상품을 집으로 보냈습니다. 그러나 막상 집에 돌아와 보니 이미 약속 날짜가 지났는데도 소포는 도착하지 않았습니다.

여덟 번에 걸쳐 나는 정중하게 때로는 엄격하게 독촉장을 띄웠으나 만 2년이 지난 뒤까지도 카슈미르에서는 회답이 없었습니다.

나는 지친 나머지 하느님께 기도를 올리기 시작하였습니다. 그리고 주문이 완전히 이루어지는 과정을 알게 되었습니다.

나에게는 다정한 친구가 한 사람 있었습니다. 그는 우리 집에서 50마일쯤 떨어진 곳에 살고 있었는데, 우리는 서로가 바쁜 몸이라서 좀처럼 만나 이야기할 기회가 없었습니다.

그 친구이름은 제인가 전화를 걸어와 2년 이상이나 이야기를 못 하였으니 점심이라도 함께하자는 것이었습니다.

나는 제인과 레스토랑에서 만나기로 약속하였습니다.

상호 간의 여러 가지 활동 상황을 이야기한 뒤에 그녀가 인도 여행의 결과를 물었습니다. 나는 문제의 보석만 아니었다면 모든 것이 유쾌했다고 대답하였습니다.

그러자 그녀는 자기가 인도 부통령과 친숙한 사이라는 사실을 이야기했습니다. 몇 년 전인가 인도 부통령이 교환 학생으로 미국에 왔을 때 자신의 집에 체류하였었다는 것입니다.

제인은 부통령에게 편지를 써 주겠다고 약속했습니다. 그리고 수 주일 뒤 인도에서 구매했던 모든 상품이 그동안의 경위서와 함께 무사히 도착했습니다. 이 문제에 있어서 박사님이 나에게 베풀어 주신 도움에 대하여 고마움을 전합니다.

—캘리포니아주 스튜디오 시티

베라 라도클리프.

숨겨진 재능을 발휘하다

어떤 젊은 부인이 몇 달 전 나를 찾아온 일이 있다. 그리고 다음과 같은 이야기를 했다.

"나는 내 주위에 있는 사람들과 관계가 원만하지 못합니다. 아무도 나를 필요하지 않습니다. 나는 사회의 부적격자입니다."

사람들은 각자 독자적인 재능을 가지고 있다. 그것은 마치 눈雪의 결정이나 나뭇잎 하나하나가 각기 다르듯이 그들이 지닌 재능은 천태만상이다.

하느님은 같은 일을 되풀이하지는 않는다. 끊임없는 변화야말로 생명의 법칙이다.

따라서 이 세상에는 불필요한 인간이란 태어나지 않는다.

나는 이상과 같은 말로 그녀를 설득하고 끝으로 에머슨의 다음과 같은 말을 인용했다.

"나는 하느님의 기관汽管이며 하느님은 내가 현재 위치하는 곳에 존재했을 까닭이 없다."

그녀가 물었다.

"그렇다면 지금 하느님이 나에게 원하는 것은 무엇일까요? 내가 어떤 일을 하기를 바랄까요?"

그에 대한 대답은 간단했다. 하느님의 뜻대로 하기 위하여 그 여인이 이용한 기도 또한 간결하고 솔직하며 요령에 찬 것이었다.

"하느님은 나의 숨은 재능을 나에게 제시해 주십니다. 그리고 하느님은 나에게 해주기를 바라는 것을 나에게 가르쳐 주십니다. 하느님은 무한한 영지이며 나를 통하여 표현되기를 원하고 계십니다. 전구가 전기를 표현하기 위한 그 결정인 것과 마찬가지로 나 또한 무한한 생명의 초점입니다.

하느님은 모든 방면에 있어서 내가 조화, 건강, 평화, 기쁨, 성장, 그리고 발전을 이룰 수 있도록 나를 통하여 흐르고 있습니다.

나의 추론하는 의식 속으로 들어오는 지도자를 실제의 느낌을 통하여 나는 알 수 있습니다. 그러기에 나는 그의 해답에 대하여 고마움을 드리고 있는 것입니다."

2 ~ 3일 후 그 연인은 비즈니스 코스를 수강하고 싶다고 열망하게 된 것입니다.

그 여인은 매우 성실하므로 반드시 괄목할 만한 성공을 거둘 것을 나는 의심하지 않았습니다.

승리자의 생활

1962년 2월 루이지애나주 뉴올리언스 유니티 센터에서 나는 일련의 강연회를 가진 일이 있다. 그 자리에서 신문 기자 한 사람을 만났는데, 그때 그는 자기가 맡은 일 중의 하나는 많은 사람에게 다음과 같은 질문을 하는 것이라고 나에게 말하였다.

즉, 그의 질문은 "당신은 무엇 때문에 살아가고 있는가?"하는 것이었다.

그 대답은 천태만상이어서 그중에는 소름이 끼치는 답변도 있었고, 또한 숨이 막힐 듯한 대답도 있었으나 대부분 사람은 대부분이 같은 내용의 대답이었다는 것이다.

"먹고, 마시고, 그리고 인생을 즐기기 위하여 나는 이곳에 있다. 왜냐하면 우리는 내일이면 죽어야 하니까."

그가 만난 대부분 사람은 65세의 정년 퇴진을 기다리는 사람들이었는데 그들은 한결같이 "퇴직하면 세계 일주 여행을 계획을 세우고 있다."는 것이었다.

또한 어떤 사람은 퇴직한 후에는 오직 죽음을 기다릴 뿐이라고도 하였다. 그리고 훌륭한 크리스천으로서 하늘나라로 가 그곳에서 하느님과 함께 영원히 살 것이라 하였다

그가 만난 대면한 사람 중의 약 10%는 다음과 같은 대답으로 일관하였다.

"우리는 무엇 때문에 이 세상에 태어났는지 알지 못한다. 또한 우리는 무엇 때문에 존재하며 결국에는 어디로 갈 것인가에 대하여도 아는 것이 없다."

또한 개중에는 이런 사람도 있었다.

"우리가 죽어서 어디로 갈 것인가에 대하여 알 필요도 없다. 왜냐하면 죽음 그것으로 우리는 모든 것에서 종말을 보기 때문이다."

그들이 믿고 있는 것을 죽어서 흙으로 돌아간다는 사실, 그것뿐이다. 다시 말하면 미래의 생명 같은 것은 알 수 없다는 것이다.

또한 그가 만난 사람 중의 약 5%는 그들이 낳은 자식이 결혼해서 아이

를 낳기를 기다리고 있었다. 그러면 그들은 여행을 즐길 수 있고 하고 싶었던 일을 할 수 있다고 꿈에 젖어 있었다.

극소수의 사람들은 그들보다 나이 많은 윗사람들이 죽기를 기다리고 있었다. 그런 뒤에 자기들이 할 일을 결정하겠다는 것이다.

이 모든 사람은 요컨대 "하느님은 영원히 현재다"라는 사실을 깨닫지 못하고 어떤 일이 일어나기를 기다리고 있는 것이다.

건강과 부富와 행복을 받아들이라

지금이란 시간을 가리킨다. 무수한 사람들이 지금보다 더욱더 좋은 시대가 이르도록 끊임없이 기다리고 있다. 그들은 항상 언젠가는 더욱 행복한 날이 오리라는 것, 번영하는 그리고 성공할 날이 오리라는 것을 믿고 기다리고 있다.

언젠가 음식점에서 다음과 같은 대화를 들었다.

"나는 복을 타고난 사람이다. 따라서 언젠가는 반드시 유명하게 될 날이 올 것이다."

"유명해지기 전에 관절염이나 나았으면 좋겠소."

그들은 행복을 연기하고 그것이 완성되는 미래를 기다리고 있었다.

광대무변한 마음의 힘이 내재한다는 것은 진실이다. 평화는 현재에 와 있다. 평화라는 이름의 하느님의 냇물이 당신을 통하여 흐르고 있다는 것을 당신은 얼마든지 주장할 수 있다. 치유도 지금 이 시각의 문제이다.

당신을 만든 문화의 치유자가 지금 당신 육체의 핵核을 바꾸고 치유하고 원상으로 회복하고 있다.

당신을 창조한 창조의 영지는 당신에 대한 치유법을 알고 있다.

그에게 다음과 같이 요구하라.

"하느님이 나의 마음과 육체를 지배한다."

부富는 지금 당장에 유용하다. 그것은 당신의 마음에서 생각하고 있는 이미지이다.

만약 지금 당신이 이를 용감하게 요구하면 아마도 재산의 증식에 상당히 새롭고 독창적인 생각이 떠오를 것이다.

긍정하라. 하느님의 부富가 지금 당신의 생활 속에서 순환하고 있다. 나는 모든 계획을 잠재의식 속에다 조각하고 있다. 잠재의식에다 인상 지은 것은 어떤 것이든 반드시 현실화한다는 것을 나는 알고 있다.

실제에 있어서 잠재의식의 해답은 강제적이다. 따라서 당신은 하는 수 없이 부富를 현실화하게 되는 것이다. 생각해 보라. 사실이 이러한데 무엇 때문에 기다리고 있어야 할 이유가 있겠는가?

힘 또한 지금이 그 적정기이다. 하느님과 그 사랑이 당신의 몸과 마음을 포근히 적실 만큼 당신을 감싸고 있다는 것을 알고 이를 믿으라.

가르침도 지금이 고비이다. 당신 속에 있는 무한의 영지는 그 해답을 알고 있다. 그리고 이 무한한 영지가 당신이 은거하는 것의 종류에 따라 해답을 준다.

지금 당신이 이렇게 되었으면 하는 것을 요구하라. 당신 자신은 아무것도 창조할 수 없다. 당신이 하는 모든 일은 언제나 과거, 현재, 그리고 미래에도 영원히 변하지 않는 것에 대하여 형태와 표현을 부여하고 있다. 무한의 영지는 확성기나 라디오 또는 텔레비전을 이용할 수 있을는지도 모른다. 이와 같은 것을 만드는 아이디어나 원리는 언제나 하느님 속에 존재하기 때문이다.

플라톤은 하느님의 갖가지 원형에 대하여 언급한 적이 있다. 그것은 우주 개개의 모든 창조물의 그늘에는 하느님의 계획이나 그 형태가 있다는 것을 의미하는 것에 불과하다.

영광에 빛나는 미래를 계획하자

만약 당신이 미래의 문제를 계획하고 있다면 지금 당신이 그와 같은 일을 추진하고 있다는 사실을 간혹 생각해 보았는가?

만약 당신이 무언가 미래에 일어날 일을 두려워하고 있다면, 지금 당신은 그 일에 대하여 무서워하고 있다.

만약 당신이 과거의 일을 생각하고 있다면 바로 지금 과거의 일을 생각하고 있는 것이 된다.

당신이 생각해야 할 사실은 오직 현재뿐이다. 현재 당신이 생각하고 있는 것을 당신은 갖고 있다. 그리고 확실히 인정할 수 있는 것은 현재라는 바로 이 순간에 당신이 습관적으로 사고하는 것의 외면적인 표현이다.

과거는 미래의 도둑이다. 만약 과거의 잘못이나 고통 때문에 양심의 가책이나 자책에 빠져 있다면 당신의 현재 사고에서 오는 고통을 당신이 경험하고 있는 정신적인 고민이 된다.

만약 미래의 일 때문에 당신이 지금 번민하고 있다면 그것은 당신 스스로가 자신의 기쁨이나 건강 또는 행복을 탈취하고 있는 것이 된다. 지금 당신의 축복을 헤아리고 미래와 과거라는 도둑을 추방하라. 과거의 즐거웠고 기뻤던 삽화를 생각하는 것은 현재의 즐거움이다.

기억하라. 과거에 있었던 사건의 결과는 그것이 좋은 것이든 나쁜 것이든 당신이 현재 생각하고 있는 것을 대표할 뿐이다.

당신의 현재 사고를 옳은 방향으로 유도하라. 당신의 마음속에 평안과 조화와 기쁨과 사랑과 번영과 선의를 안착시키라. 간혹 의식적으로 이들에 대한 개념에 관하여 천천히 생각하라. 그리고 그 모든 것을 요구하라. 그리고 그 외의 다른 모든 것을 깨끗이 잊어버리라.

"끝으로 형제들아 무엇에든지 참되며 무엇에든지 경건하며 무엇에든지 옳으며 무엇에든지 정결하며 무엇에든지 사랑 받을 만하며 무엇에든지 칭찬 받을 만하며 무슨 덕이 있든지 무슨 기림이 있든지 이것들을 생각하라. 너희는 내게 배우고 받고 듣고 본 바를 행하라 그리하면 평강의 하나님이 너희와 함께 계시리라."

빌립보서 제4장 8절 ~ 9절

때때로 이와 같은 정신적인 약을 처방하라. 그러면 당신은 빛나는 미래를 경험하게 될 것이다.

멋진 자동차를 손에 넣은 하녀

어떤 하녀는 자동차를 사기 위해 자기의 모자라는 급료에서 매주 3달러씩 저축을 하고 있었다. 그녀의 언니가 《잠자면서 성공한다》는 나의 책을 한 권 그녀에게 선물하였다. 하녀는 이 책을 탐독했다. 그리고 그 후 나의 친구인 제인 라이트 부인에게 다음과 같은 말을 했다.

"나는 어느 날 밤 앉아서 나 자신의 잠재의식에 대하여 자동차에 대한 생각을 인상 짓기 위해 나 자신에게 편지를 썼습니다."

그 편지의 내용은, 자기가 지금 구한 자동차에 대하여 하느님에게 고맙다는 것과 자동차 대금을 완전히 지급할 수 있었다는 사실, 그리고 그 자동차를 매우 소중하게 사용하고 있다는 것이었다.

그녀는 이 편지를 책상 서랍에다 넣었습니다. 또한, "기도를 이루게 해주신 아버님, 고맙습니다."하고 쓴 쪽지를 동봉해 놓았다.

그 뒤의 일이 아주 흥미 있다. 기도의 힘이 현실화한 것이다. 그다음 일요일 하녀는 교회에 갔다. 그리고 수부受付일을 보고 있는 한 사람과 이야기를 나누며, 그가 새로 구매한 캐딜락에 대하여 의견을 말했다.

그러자 그 사람이 이런 말을 했다.

"나는 차가 또 한 대 있습니다. 그 차를 팔려고 하는데 마땅한 사람이 없겠습니까?"

하녀는 즉시 대답하였다.

"차가 필요한 사람이 있고말고요. 하지만 나는 지금 겨우 45달러밖에 저축을 못했는걸요."

그러자 그 사람은 뜻밖에도 이렇게 말했다.

"좋습니다. 차고가 모자라서 고민하던 터였으니까요. 45달러에 내 차를 넘겨드리겠습니다."

이로써 그 하녀는 거뜬히 자기 차를 가지게 되었다. 그리고 2년 이상이나 그 차를 고장 없이 사용하고 있다.

이 하녀는 차를 사자면 얼마나 걸릴 것인가에 대하여 자기 나름대로 계산을 해본 적이 있었다. 최소한도 3년은 걸려야 할 것이라는 계산이었다.

그런데 3년이 아닌 불과 3 ~ 4개월 만에 자동차를 가지게 된 것이다.

자동차는 당신 마음속에서 고귀한 개념이다. 그리고 전 세계의 모터가 전부 그 어떤 것에 의하여 파괴된다고 하더라도 기사技師는 또 다른 모터를 설계할 수 있다. 그리고 2, 3개월이 지나면 몇백이라는 새로운 모터가 나오게 된다.

자동차라는 개념과 원리는 하느님 속에 있습니다. 그것은 또한 당신 속에 존재하는 것이기도 하다.

개를 선사 받은 소년

"마음의 준비가 되어 있으면 모든 일이 순식간에 이루어진다."

이것은 셰익스피어의 말이다.

성경에는 다음과 같이 말하고 있다.

"너희는 넉 달이 지나야 추수할 때가 이르겠다 하지 아니하느냐 그러나 나는 너희에게 이르노니 너희 눈을 들어 밭을 보라 희어져 추수하게 되었도다."

요한복음 제4장 35절

이상의 두 가지 인용문은 당신의 지적이고 정신적인 세계에만 적합하다. 이전에도 지적했듯 이 세상의 모든 것은 개념으로서 정신적인 형태로서, 원리로서, 무한한 당신의 마음속에 존재한다.

8세 된 소년이 엄마를 따라 나를 만나러 왔다. 그 소년은 엄마의 말을 듣지 않는 아직 개구쟁이였다.

소년의 친구들은 모두 개를 기르고 있다는 것이다. 그래서 그는 개를 사달라고 떼를 썼으나 엄마는 들어주지를 않았다.

어머니는 다음과 같은 말로 소년의 청을 물리쳤다.

"개란 불결한 동물이다. 불결한 동물을 집안에서 키울 수는 없지 않으냐? 하지만 네가 자라서 18세가 되면 개를 기르도록 허용해 주마. 그때는 네가 개를 키울 수 있는 나이일 테니까……."

이 어린 소년은 엄마의 말을 이해할 수 없었다. 개를 키우는 데 무엇 때문에 10년이나 기다려야 한다는 말인가?

나는 그 어머니에게 요청하여, 한 30분 동안 소년과 단둘이 이야기할 기회를 얻었다.

소년은 자신의 모든 고민을 나에게 말했다.

"네가 갖고 싶은 개를 마음속에다 그리도록 하려무나. 그리고 그 개를 쓰다듬고, 귀여워하는 장면을 상상을 통하여 이루도록 하여라. 마침 한 마리의 개가 방안에 그녀와 함께 있어서 두 팔로 그 개를 끌어안을 때의 느낌이 들도록 하여라."

나는 이와 같은 기도를 매일 밤 되풀이하도록 권했다.

우연하게도 소년의 생일이 나를 만난 지 2 ~ 3주 뒤였다. 소년의 할아버지가 찾아와 소년에게 예금해 두었던 30달러를 생일 선물로서 주고 갔다.

할아버지는 가족들 모두로부터 갈채를 받았다. 따라서 자연히 개를 기르는데 반대했던 집안의 사람들의 의견은 사라졌다.

이 소년은 결국 10년을 기다림도 없이 개를 기를 수 있게 된 것이다. 소년은 개를 기르는 기쁨에 젖어 있을 때의 황홀감으로 10년이라는 시간을 붕괴시킨 것이다.

〈잠언〉에는 다음과 같이 가르치고 있다.

"소망이 더디 이루어지면 그것이 마음을 상하게 하거니와 소원이 이루어지는 것은 곧 생명 나무니라."

잠언 제13장 12절

재혼할 수 있었던 미망인

지난 3년 동안 재혼하고 싶어 했던 어느 미망인을 나는 알고 있다. 이 여인은 적당한 남자를 찾았지만 마땅한 사람이 나타나지를 않아 재혼을 못하고 있었다.

이 여인과 이야기를 나누는 사이에 나는 이 여인의 마음속에는 무엇인가 사람을 받아들이지 못하는 장애물 같은 것이 있다는 사실을 알았다.

이 여인은 입 밖으로 표현하지는 않았으나 마음속에 다음과 같은 생각을 하고 있었다.

"나는 퇴직과 동시에 결혼하고 싶다. 그렇게 되면 남편과 함께 여행도 할 수 있고 자유로운 생활을 즐길 수 있을 테니까."

이 여인은 미래의 결혼을 계획하는 데서 실제로 자신의 목적을 좌절시키고 있었다.

나는 이 여인에게 시간 보내는 방법을 이야기해 주었다. 밤에 잠이 들기 전에 자신이 결혼반지를 끼고 있었다고 생각하고, 그것이 자연스럽게 손가락에 접촉하는 느낌을 느껴보라고 이 여인에게 암시했다. 그 위에 상상 속에서의 남성과의 결혼은 이미 이루어지고 있는 터였으므로 그녀가 지금 결혼의 현실감을 기쁨으로 느낀다는 것은 심리적인 면에 있어서 중요한 의미를 지닌다. 자신이 만약 결혼했다면 이러이러했으리라는 느낌과 기쁨에 젖어 여인은 약 일주일 동안을 보냈다. 그리고 그 마지막 날 전에 사교 상으로 만난 일이 있었던 아들의 보이 스카우트 선생님이 그녀에게 구혼을 해왔다. 그리고 나는 그들의 결혼식 주례로서의 영광을 차지했다.

이와 같은 실례는 당신이 가슴 속에 지니는 소망을 정신적으로 실현할 수 있다는 것을 입증하고 있다.

부인은 마음속에서 결혼반지를 그려보며 이를 실감했던 것인데, 이것이 곧바로 그녀의 잠재의식으로 전달된 것이다. 그리고 잠재의식 속에 내재하는 무한의 영지가 그에 답하여 이를 현실로서 이루게 한 것이다. 그녀는 자기의 잠재의식을 자기의 보이지 않는 결혼 중매인이라 불렀다. 그리고 그것이 곧 현실로서 완성되었다.

승진과 막대한 보수를 얻기 위하여

어느 기사技師가 다음과 같은 말을 했다.

"나는 승진하기 위하여 무한히 노력하고 있으나 아마도 4 ~ 5년 안에는 그것이 어려울 것 같습니다. 왜냐하면 나보다 오래 근무해온 선배가 많기 때문이죠."

이 기사는 조종사 면허장을 가지고 있었고, 로스앤젤레스에서 뉴욕이나 그 외의 도시로 연구 목적을 위하여 비행기를 조종에 얼마나 걸리는가를 물었다. 그는 대답했다.

"글쎄요. 제트기라면 5시간도 안 걸리겠지요."

다시 말해서 그는 300마일 이상의 공간을 5시간도 안 되는 짧은 시간으로 단축했다.

아마도 이 공간은 나이 든 말이 끄는 수레로 메우자면 18개월 이상 걸릴 것이 분명하다.

우리나라의 수학자나 과학자는 시간과 공간은 하나이며, 상호 관계가 있다는 것을 지적하고 있다. 즉 우리가 시간을 단축하면 그것은 곧 공간을 단축하는 결과가 된다는 것이다.

나는 이 기사에게 솔직히 말해 주었습니다.

"당신은 당신 자신을 승진시키고 있습니다."

그리고 나는 덧붙였다.

"그러기 위해서는 당신이 마음속에 가지고 있는 장해물, 즉 나보다 오래 근무한 선배들이 있다는 생각. 따라서 나는 적어도 4 ~ 5년은 기다려야 할 것이라는 생각 등을 우선하여 제거해야 합니다."

그로부터 그는 아침과 밤마다 약 5분 동안 아내가 다음과 같은 말을 자신에게 하는 광경을 상상하였다.

"여보, 당신이 승진하고 봉급이 올라서 참 기뻐요. 정말 이보다 더 기쁜 일이 어디 있겠어요."

그는 아내의 포옹을 실감하고 그녀의 목소리나 몸짓, 그리고 그녀가 표현한 기쁨 등을 사실인 양 실감했다.

그로부터 몇 주일 뒤 그는 소망을 이루었다. 내가 이 글을 쓰고 있을 때쯤 그는 이상적인 고안 과제와 씨름하며 극비의 일을 하고 있을 것이다. 그리고 명성이 높아지고 막대한 보수를 받게 될 것이다.

새로운 생명을

최근 어떤 남자가 텍사스에서 전화를 해왔다. 그는 자기가 당하고 있는 여러 가지 고통을 장황하게 설명한 뒤에 자기의 불운을 하느님의 탓으로 돌리며 그를 비난하였다.

나는 그에게 다음과 같은 이야기를 해 주었다.

첫째, 우주는 법과 질서로서 이루어져 있다는 것.

둘째, 따라서 그 외의 것들 속에 있는 하느님 또한 원리인 동시에 법칙이라는 사실.

이어 나는 인간이 만약 이와 같은 법칙을 알면 그 때문에 고통을 느껴야 한다는 사실을 덧붙였다.

실제로 그것은 무서운 하느님에 의한 법칙의 문제는 아니다. 반대로 원인과 결과의 법칙에 의한 개인과는 관계없는 문제이다.

사람이 마음의 법칙을 잘못 사용하면 그 반응은 소극적인 것이 되지만, 반대로 이 법칙을 잘 이용해서 쓰게 되면 남을 돕고, 치유하고, 그리고 그의 영혼을 회복할 수 있게 된다.

나는 전화를 통하여 신성한 생명의 방향으로 자유로이 흐르는 물질이 되기 위해서는 어떻게 할 것인가를 그에게 이야기해 주었다. 그리고 다음과 같은 기도를 이따금 이용할 것을 일러 주었다.

나는 맑고 광활한 하느님에의 물질입니다. 그리고 무한한 생명은 건강·평화·번영·정당한 행위 등이 되어 방해받지 않고 나 자신 속으로 흘러듭니다. 나는 끊임없이 새로운 창조적인 생각을 확산하여 내부의 밀폐된 빛을 해방하고 있는 것입니다.

이 남자는 수명이 늘어났다. 그리고 지금 막 참된 인생을 즐기기 시작하였다는 것을 이야기하고 있다.

"나는 소망 된 것을 막아버리는 어리석음에서 벗어났습니다. 호스를 밟고 있던 발을 젖힌 것입니다. 그러자 생명의 물이 넘치듯이 나의 생명 속으로 밀려들었습니다."

그는 마음을 편히 하고 이를 해방하는 방법을 배웠다. 그리고 생명의 한없는 경로經路에 그 자신의 부정적인 심리 상태의 문제를 살리는 일을 중지했다.

그 결과 그는 곧바로 생명의 축복을 받기 시작했다.

행복과 성공을 경험하려면

우주 전체를 움직이고 있는 오직 하나의 광대무변한 힘이 존재한다.

하느님은 우리들의 생명이다. 그리고 그것은 지금 당신의 생명이기도 하다.

이와 같은 생명의 원리는 당신 자신이 선택하고 결정하는 능력을 갖추고 있으므로 때로는 건설적일 수도 있고 때로는 파괴적일 수도 있다.

당신이 광대무변한 힘과 파장을 맞추어 당신 자신 속에 평화적이며 조화롭게 이를 받아들이기만 하면, 그리고 당신이 옳게 생각하고 옳게 느끼고 옳게 행동할 때 당신은 곧 그 자리에서 모든 면에 있어서 완전한 행복과 성공에 넘치는 생활을 즐길 수 있다.

당신이 공포와 후회, 양심의 가책 등과 같은 부정적인 생각에 빠져 있으면, 그것은 곧 생명의 원리를 파괴적으로 사용하고 있는 것이 된다.

모든 원한, 고통, 적의, 정신적인 파장, 비판, 그리고 남을 비난하는 행위

등은 그야말로 생명의 원리를 잘못 사용하는 것이 되며, 재앙을 초래하는 방법이 될 뿐이다.

우리들이 공포, 증오, 또는 질투 등과 정신적인 동거同居를 할 때, 우리들의 생명은 마치 당신 잔디밭의 호스를 밟아 물의 흐름을 막고 있을 때 느끼는 압박과도 같은 괴로움을 느끼게 된다.

이윽고 잠재의식에 의하여 막혀버린 부정적인 감정은 정신과 육체, 그 쌍방의 질병으로서 나타나게 되는 것이다.

광대무변한 과학으로 문제를 극복하는 기쁨

당신은 하느님의 모든 우수성, 속성, 능력, 그리고 모습을 재생하기 위하여 이 세상에 존재한다. 이것이 당신이 존재하는 그 참된 이유이므로 완전한 조화, 건강, 마음의 평화 등에 뒤떨어지는 사물에 대하여는 그것이 그 어떤 것이든 절대적인 불쾌감을 표현하는 것이 당신의 의무이다.

좌절이나 결핍, 또는 한계에 대한 불안과 짜증이 당신을 크게 자극하면 당신 내부에 있는 광대무변한 힘의로 모든 고난을 정복할 수 있게 된다.

당신은 기쁨을 이겨내는 데에 있다. 인생의 여러 가지 문제들이나 다툼 또는 도전 등은 당신의 지적이고 정신적인 도구를 날카롭게 하여 당신의 숨겨진 힘을 몰아내어 내부에 있는 무한의 저장고 속에 있는 수 없는 보물을 내보낼 수가 있다.

당신이 소망하는 것은, 그것이 어떤 것이든 당신 마음속의 사고로서 이미 유효하다.

바라는 것을 얼마든지 요구하라. 그리고 이를 실체로써 느껴라.

무한의 마음이란 공간과 시간을 초월한 것이다. 자기 자신을 제한하는 따위의 일은 하지 말라. 당신의 마음속에 있는 장해물을 제거하고, 지금 기도가 이루어진 기쁨에 모든 것을 위임하라.

"눈을 들어 밭을 보라 희어져 추수하게 되었도다."

요한복음 제4장 35절

여기서 말하는 수확이란 광대무변한 신선한 것의 성과를 말한다.

요약—유익한 생각

① 당신은 충분히 행복하고 빛나는 생활을 영위하기 위하여 여기 존재한다.

② 생각하고, 이야기하고, 행동하고 노래하고, 자동차를 운전하고, 상상하고, 느끼고 하는 데에도 마찬가지이겠지만 비즈니스와 직장 생활을 하는 데에도 옳은 방법과 그릇된 방법이 있다. 당신은 그 차이를 알아야 한다.

③ 당신 속에 있는 최고의 영지에 의존하라. 그러면 최고의 영지는 하느님께서 당신이 알기를 바라는, 그리고 소망하는 것을 당신의 마음속에 속삭여 줄 것이다.

④ 건강은 현재에 있다. 부富도 현재에 있다. 권력도, 사랑도, 가르침도 그 모두가 현재에 있다. 하느님은 또한 영원한 현재임을 알아야 한다.

⑤ 만약 당신이 장래의 어떤 것을 계획하고 있다면, 당신은 지금 그 계획을 추진하고 있는 것이 된다. 만약 당신이 과거에 대하여 생각하고 있다면 지금 그것을 생각하고 있는 것이 된다.

⑥ 당신은 자기 자신에 대하여 편지를 쓸 수 있다. 편지를 통하여 잠재의식

에 대하여 생각과 소망을 각인 할 수 있다. 편지에도 "이루어진 기도"라고 쓰라. 그것은 즉시 현실화될 것이다.

⑦ 만약 마음의 준비만 되어 있다면, 그 모든 것은 지금 곧 가능한 것이 된다.

⑧ 당신의 잠재의식은 '눈에 보이지 않는 결혼 중매인'이다. 잠들기 전에 자기 손가락에 결혼반지를 끼고 있는 장면을 상상하여 실제로 반지를 끼고 있는 듯이 느끼고 반지에 아주 자연스럽게 접촉되고 있다고 느낄 수만 있다면 잠재의식은 실현이라는 형태로 그에 대답해 줄 것이다.

⑨ 누구나 승진은 가능하다. 사랑하는 사람이 당신의 빛나는 승진에 대하여 축하의 인사를 하는 장면을 상상해 보라. 그리고 그것을 언제까지나 마음속에 간직하라. 이와 같은 상상의 장면을 끈질기게 그려나갈 수 있을 때, 엄청난 이익 배당금을 받게 될 것이다.

⑩ 우주는 법과 질서에 따라 움직인다. 마음의 법칙을 그릇되게 사용하면 그는 그 일로 해서 고통을 느끼게 된다.

⑪ 잠재의식 속에서 신음하는 부정적인 감정은 모든 종류의 병이나 기능 장해로 나타나게 된다.

07
세월이라는 위대한 신비

Miracle of mind pynamics

당신이 이 세상 모든 경전에 쓰인 진리와 신비에 눈을 뜨지 못하는 한 당신의 기도는 실제로 효과를 얻을 수 없다. 이는 성경에도 분명히 나와 있다.

"이스라엘, 들으라. 우리의 하느님, 즉 주님은 오직 한 분이시니라." 들으라는 말은 곧 이해하라는 뜻이다. 이스라엘이란 빛나는, 또는 눈이 뜨인 백성을 의미한다. 주님이란 보다 높은 힘, 즉 최고의 권력을 가리킨다. 우리들의 주님이란 우리들의 지배자, 즉 광대무변한 힘이다.

오직 하나의 뜻은 하나의 권위, 즉 둘도 아니고 셋도 아니고 열도 천도 아닌 오직 하나를 의미한다.

당신의 생활을 바꾸게 할 더욱 효과적인 기도

하느님은 존재한다. 그리고 존재하는 모든 것은 하느님이다. 이와 같은 존재의 권위는 조화, 건강, 평화, 기쁨, 정당한 행동, 풍요한 진실한 표현, 그리고 영감으로서 나를 통하여 흐르며, 마음속에 존재하는 것이다.

나는 천국으로 이르는 맑고 투명한 물결이다. 그리고 이상의 진리를 생각하고 느낌으로써 생활에서 모든 축복을 경험하게 되리라는 것을 알고 있다.

나는 이와 같은 기도를 습관화할 것이다. 그러면 언제나 더욱 멋있는 일들이 나의 생활 속에 나타날 것이다. 이것이 곧 나의 생활을 바꾸는 새로운 의식과 새 사이클의 기초가 된다.

언제나 광대무변한 빛을 보며 전진한다

원을 그리며 빙글빙글 돌기를 중단하라. 언제나 당신의 눈을 하느님의 영광된 빛으로 주입하라. 그리고 빛을 받으며 계속 전진하라.

낡아빠진 문구와 사고방식을 되풀이하고 무의식적인 해답, 즉 틀에 박힌 기계와 같은 생활을 지금 곧 중단하라.

자동차가 고물이 되면 당신은 새 차를 사게 된다. 이와 마찬가지로 때로는 새로운 양복이나 새롭고 보다 기능적인 사무실을 갖게 된다.

지금 곧 새로운 비전을 자기 자신에 대한 새로운 영상을 얻도록 하라. 더욱더 좋은 것, 즉 최상의 것을 기대하라. 지극히 빛나는 미래를 예기하고 기쁨 속에서 기다리라. 그것은 반드시 가능하다고 믿으라. 당신 자신의 새로운 이미지와 생활하라. 그러면 당신이 꿈속에서 보는 기쁨과 그것이 이루어졌을 때의 전율을 경험할 것이다.

당신은 오늘 그 무엇인가를 알고 있다. 당신이 알고 있는 것은 어느 정도

인가?

당신은 당신의 가족들을 바라보고 있다. 아내를, 남편을, 그리고 어린이들을 보고 있다. 또한 당신은 그들의 이야기를 듣고 있다. 그러면서도 당신의 가정에는 당신이 모르는 일이 너무 많다. 텔레비전이나 라디오의 다이얼을 돌리면 지금 이곳에 있는 사람들의 목소리와 음악을 들을 수 있다는 것을 당신은 알고 있다.

그러나 당신은 과연 당신 마음속에 있는 하느님을 알고 있는가? 하느님은 당신의 병을 낫게 하고 당신을 격려하며 당신의 숨은 재능을 당신에게 제시하여 문자 그대로 당신의 생활에 기적을 일으키게 한다. 열리지 않는 힘이 언제나 그곳에 숨겨 있다. 지금 곧 그 힘을 이용하라.

과학자는 어떤 방법으로 우주 연구의 해답을 얻는가

나는 이웃에 사는 로켓 협회의 우주 과학자이며 전문 위원인 니자알 폰 블랭크 슈미트 박사가 다음과 같은 말을 했다.

"우주 계획에 관계되는 조종 부분에 문제가 있을 때면 나는 언제나 내 마음의 움직임을 멈추고 조용히 다음과 같은 일을 긍정합니다."

그가 긍정하는 내용은 다음과 같다.

"내 속에 있는 무한의 영지가 이 계획에 빛을 던져준다. 그러자 갑자기 나는 마음의 해답을 얻고 밝게 빛난다. 그 해답은 때때로 내 마음속에 그래프로 나타나기도 한다."

박사 자신 속에 있는 무한의 영지가 그가 요구하는 것에 따라 대답을 준다.

자기가 원하는 존재가 되라

당신은 우선 낡아빠진 사고방식에서 벗어나 모든 것이 그렇게 되어 주었으면 하는 것을 마음속에서 조용히 생각하여야 한다.

예를 들어 샌프란시스코에 가고 싶다고 생각하면 당신은 우선 로스앤젤레스에서 떠나야만 한다. 마찬가지로 행복한 사람, 즐거운 사람, 행운을 잡은 사람, 그리고 성공한 사람이 되고 싶을 때는 먼저 당신 과거의 원한, 짜증스러움, 부정적인 생각, 그리고 자기 자신에 대한 비난 등을 책장을 덮듯이 뒤로 던져버리고 잊어야만 한다. 그리고 새로운 자신의 이미지를 얻어야만 한다.

당신은 당신이 원하는 형태의 인간으로서의 자신을 마음속에 그려 넣으라. 그 새로운 이미지에 충실하라. 그러면 침투 과정과 마찬가지로 그 이미지가 당신의 잠재의식 밑바닥으로 가라앉고, 잠재의식은 캄캄한 어둠 속에서 새로운 당신의 이미지로 잉태한다. 그리고 잠시 시간이 지나면 기도가 이루어졌을 때의 기쁨이 되어 당신의 경험 속에 나타나게 된다.

당신은 하느님의 새로운 사람이 되어 영광으로부터 또 다른 영광으로 전진할 것이다.

어떤 방법으로 위대한 일을 성취할 것인가

당신의 마음을 즐겁고 적극적으로, 그리고 더욱 확실하게 출세, 승진, 성취의 방향으로 유도하라. 당신 마음속의 소망을 이루게 하고 완성하기 위한 정신적인 환경에 살도록 새로운 집을 마음속에 설립하라. 그러기 위해 정신적으로 움직이라. 당신의 새로운 이미지가 참된 것이라 받아들이고 마음속에서 이를 진실이라 깨달을 수 있게 당신이 사고를 내부에 굳혀야 한다. 그러면 그것은 현실이 되고 사실이 된다. 날마다 같은 방법으로 귀가하거나 움직여서는 안 된다. 계속 똑같은 낡은 신문을 보아서도 안 된다. 같은 방법의 낡아빠진 대화를 되풀이하여서는 안 된다. 날마다 똑같은 문구를 되풀이함을 중단하라.

새로운 친구를 사귀라. 다른 길을 통하여 집으로 돌아가라. 그러면 당신은 당신이 미처 몰랐던 수많은 기회와 의의를 깨닫게 될 것이다.

광대무변한 입장으로부터 모든 사물, 모든 사람에 관해 생각하라. 그러면 당신은 더욱 위대한 것을 수없이 이루게 될 것이다.

징크스를 추방하라

지난해 나는 파산을 한 어떤 사람은 만난 적이 있다. 그는 위궤양에다 고혈압까지 겹쳐 몹시 고통스러워했다.

그는 자기 뒤에 저주가 따르고 있다고 믿고 있었다. 하느님이 지난날의 죄 때문에 자기를 벌하고 있으며, 원한을 풀려고 한다는 것, 그리고 자기는 지금 당연한 보복을 받는 것이라고 믿고 있었다.

자기 뒤에 저주가 따르고 믿고 있는 이상 구제받을 방법이 없다는 것을 나는 그에게 설명해 주었다.

신념은 경험이나 조건, 또는 어떤 사건으로 나타난다는 간단한 이유를 들어 그가 고통을 느껴야 하는 이유를 설명했다.

나는 그에게 기적을 낳게 하는 다음과 같은 기도를 전하였다.

유일한 창조주, 유일한 존재, 유일한 힘만이 있을 뿐입니다. 이 힘이 나의 마음과 정신으로서 내 속에 존재합니다. 그리고 이 존재가 나의 가르침을 따라 움직입니다. 나는 무한한 영지의 견지에서 생각하며, 이야기하며, 행동합니다. 내 생각은 곧 현실이라는 것, 느끼는 모든 것을 끌어당길 수 있다는 것, 그리고 내가 상상하는 어떤 것이든 반드시 이루어진다는 것을 알고 있습니다.

나는 끊임없이 이들 진실을 생각하고 있습니다. 하느님의 올바른 행위가 나를 지배합니다. 하느님의 법칙과 질서가 최고로도 생활의 모든 면에 작용합니다.

하느님의 가르침이 지금 나의 것이 되어 있습니다. 하느님의 성공은 곧 나의 성공입니다. 하느님의 영광 또한 모두 나의 것입니다. 하느님의 사랑이 나의 영혼 속에 가득 차 있습니다. 하느님의 지혜가 나의 모든 것을 지배하고 있습니다. 내 마음속에 공포나 두려움이 침입할 때는 언제든지 다음과 같이 단언할 것입니다.

"하느님이 지금 나를 가르치고 계시다" 또는 "하느님은 그 대답을 알고 계시다."

그는 하루 대여섯 번씩 큰 소리로 이상의 내용을 기도하였다.

그러자 그달 중순쯤에는 건강이 회복되고, 또한 발전해 가는 어느 기업체의 파트너로서 받아들여졌다. 그리고 그의 모든 생활은 완전히 달라지고 그의 마음속에 군림하는 새로운 생각이 그의 주인이 되어 그에게 풍요한 생활을 약속했다.

아이디어는 우리들의 주인이다. 우리는 이 아이디어에 의하여 통제되고 지배된다.

당신도 마음속에서 이 남자와 같이 하느님의 아이디어를 떠받들라. 그리고 당신의 생활에 일어나기 시작하는 기적을 조용히 지켜보라.

신앙으로 관절염을 낫게 하다

나는 최근 관절염 때문에 초음파 요법과 아스피린 치료를 받는 어느 부인에게 충고를 해 준 적이 있다.

이 부인은 기도하고 있었으나 불행하게도 다음과 같은 말을 했다.

"나는 건강과 평화 그리고 조화에 관하여 생각할 때마다 내 병은 불치여서 결국은 장애가 남을 것이라는 생각만이 가득합니다. 나는 결코 건강한 나를 상상할 수 없습니다."

그 이유는 어렸을 때부터 그녀가 많은 병이 불치라는 것을 믿어 왔던 데에 있었다.

관절염은 불구가 되는 수가 있으며, 결국 나을 수 없다고 믿고 있는 데서 그녀는 건강과 조화, 그리고 완전을 신중하면서도 명백하게 선택할 수 있는 자격을 상실하고 있었다.

그러나 이 부인은 나의 가르침을 따르면서부터 그와 같은 마음가짐에서 벗어날 수 있었다. 그녀가 먼저 해야만 할 일은 병을 낫게 하는 힘과 병의 정도를 결정하는 두 가지 힘이 있다고 믿는 그녀의 그릇된 마음가짐을 바로 하는 일이었다.

그녀는 실제로 이 두 가지 힘을 믿고 있었다. 그리고 모든 병이나 가난, 비참한 경우나 세상 모든 고민의 원인은 마음을 들뜨게 하는 것을 믿는 일이 유행하고 있다는 간단한 진실을 믿지 않았다.

부인은 웃음을 되찾겠다고 결심하였다. 그리고 마음속의 비전 세계에 초점을 맞추어 용감하게 다음과 같은 사실을 단언하기에 이르렀다.

오직 광대무변한 힘만이 존재한다는 것을 나는 분명히 믿고 있습니다. 그것은 완전이며, 아름다움이며, 그리고 완벽입니다. 인생의 최대 비결은 끝없이 선한 것, 완전한 것으로서의 하나의 힘을 알고 이를 믿는 일이라고 나는 이해하고 믿습니다.

나를 창조한 이 힘과 병을 낫게 하는 사랑이 나의 몸속에 침전하고 있을 필요 없는 것들을 전부 지금 용해하고 있다는 것을 나는 자각하고 요구합니다. 나는 살아 있는 하느님의 궁전입니다. 따라서 나는 나의 몸속에 있는 하느님을 찬미합니다.

이와 같은 기도를 계속한 덕분에 그녀는 유일한 하느님에 대한 신앙이 높아지고 사악한 것에 대한 믿음이 서서히 사라졌으며, 끝내는 광대무변한 힘에 대한 확신이 그녀 마음속에 최고의 지배자로서 정착한 것이다.

부인은 초음파 요법을 계속해 나갔다. 그러자 서서히 손과 발이 부드러워지기 시작하였다. 관절염의 특징인 칼슘 질質의 침전물이 사라지고, 부종 또한 많이 가라앉았다. 그리고 부인의 몸은 유일한 존재의 방향으로 언제나 아름다움이 되고, 평화가 되고, 사랑이 되어 행동하는 유일한 힘을 향하는 통로가 되었다.

부인은 마음속에서 유일한 힘을 떠받들고, 그것이 몸속에서 자기 할 일을 다 하고 있다는 믿음이 그녀의 잠재의식 속의 모든 것을 지워버린 것이다.

머릿 속의 지식을 마음의 지식으로 하라

언젠가 한 부인이 생활에 관한 멋진 철학을 나에게 이야기한 적이 있었다. 부인은 〈생활의 방법〉이라는 논문을 쓰고 있었다. 그녀의 논문은 학문상 확실한 것이어서 정신적으로도 진실한 것이었다.

그러나 그녀의 개인적인 생활은 혼돈 그 자체였다. 그녀는 25살의 젊은 나이였으나 이미 네 번째 결혼에 실패하였다. 그녀는 술이 과하였고 집세마저 제때 지급하지 못할 처지에 있었다.

나는 그녀의 냉정한 이론이나 우아한 가정假定, 그 모두가 그녀의 경험에 구현되어 밝혀져야 한다는 것을 강조하였다. 그렇지 않고서는 그 모든 것이 무의미할 수밖에 없다는 것을 이야기해 주었다.

다시 말해서 부인의 머릿속 의식이 마음의 지식이 되어야 한다. 이들 진리를 그것이 살아 있는 그녀의 일부에 한 조각의 빵이 그녀의 혈액 흐름 속의 일부가 되는 것과 같은 방법으로 살아 있는 그녀의 일부가 되기까지 깊이 소화하여야 한다.

부인의 생각이나 이론이나 아이디어나 그 모두가 훌륭한 것이기는 하였으나 그녀의 신체나 경험 또는 성격에는 전혀 나타나 있지를 않았다. 그녀의 학리學理를 실제로 나타내는 유일한 방법은 이를 그녀의 생활로써 실행하는 데 있다.

이런 사실을 그녀는 이제까지 모르고 있었다.

나는 이 여인에게 기도의 한 형식을 부여하였다. 그리고 정연하여 본격적으로 머리나 마음을 이 같은 진리로 가득 차게 하였을 때 그녀는 완전히 변모했다.

기도의 내용은 다음과 같다.

하느님은 사랑입니다. 하느님의 사랑이 나의 영혼 속에 넘쳐 있습니다. 하느님은 또한 완전한 건강입니다. 하느님의 건강이 지금 나의 건강이 되어 있습니다. 하느님은 기쁨입니다. 하느님의 기쁨이 나의 기쁨입니다. 그러기에 나는 유쾌하고 발랄합니다.

과학자들은 하나의 이론과 가정을 제출한다. 그러나 그것이 일반적으로 과학적인 사실로써 받아들여지기까지는 공간이라는 화면을 통하여 확인되어야만 한다. 그리고 그것은 당신의 경험으로써 나타나야만 한다.

경건한 신앙은 당신의 모든 생활에서 실지로 구현되어야만 한다.

하느님은 어째서 전쟁이나 범죄 또는 질병을 방치하는가

최근 어떤 남자가 나에게 이런 말을 하였다.

"만약 하느님이 존재한다면 하느님은 어째서 전쟁이나 범죄를 근절케 하지 않습니까? 무엇 때문에 질병을 방치하는 것일까요?"

이와 같은 의문은 비단 이 사람만의 것은 아니다. 그 외의 수많은 사람이 이와 꼭 같은 의문을 가지고 있기 때문이다.

"무슨 이유로 하느님은 이렇게 나를 괴롭히는가? 무슨 이유로 하느님은 나에게 이런 몹쓸 병을 주었는가?

나는 지극히 선량한 사람이다. 나는 교회의 모든 규칙과 교의에 따르고 있으나 번민에서 벗어날 방법이 없다. 그 이유가 어디에 있는가?"

사람들은 이렇게 불평을 늘어놓으며 슬픔을 참지 못한다.

그러나 이에 대한 답은 지극히 간단하다. 나는 기꺼이 설명할 것이다.

그것은 무한의 정신, 무한의 영지, 무한의 생명인 하느님광대무변한 힘은 우리들 개개인 속에 자리 잡고 있는데, 사람들은 사물을 생각할 때마다 좋든 나쁘든 이 창조하는 힘을 사용하고 있다.

랄프 에머슨은 이렇게 말합니다.

"인간이란 그가 온종일 생각하고 있는 바로 그것이다."

또한 성경에서는 다음과 같이 말하고 있다.

"그는 마음속에서 셈하는 사람처럼 셈을 하고 있다."

때로 나는 병원에 입원하고 있는 사람들을 문병할 때가 있다.

그때 그들은 다음과 같이 물어온다.

"나에게 왜 이런 병이 생겼을까요?", "나는 아무도 증오한 일이 없는데……", "하느님이 나를 벌하고 있습니다. 왜 그러실까요?"

대개 그에 대한 설명은 치유에 있다. 당신이 생각하는 것이 정당할 때는 정당한 일과 좋은 일이 계속되며, 반대로 당신이 생각하는 것이 옳지 못할 때는 나쁜 일만이 계속된다.

오랫동안 신학자들은 이렇게 말해 왔다.

"재앙의 근원이란 발톱과 뿔을 가졌으며 날카로운 꼬리를 가진 악마다. 그들은 우리에게 나쁜 일을 시키고 나쁜 일을 유혹하는 일종의 괴물에 의하여 생겨난다."

이런 말로 우리를 믿게 하고, 우리를 세뇌하며, 최면술을 걸어왔다. 그러나 실제에 있어서 그것은 거짓말이다. 그러한 괴물은 존재하지 않는다. 그것은 가공된 상상일 뿐이며 인간의 일그러지고 곡해된 공상 관념의 구체화이다.

나이가 젊을 때는 누구나 감수성이 예민하다. 즉 추상적인 이론에는 젖어 있을 수가 없다.

따라서 우리는 자기의 부모나 다른 사람들에 의해 암시된 이 같은 불쾌한 상태를 마치 최면술에 걸려 "당신은 지금 방안을 기어 다니는 뱀을 보고 있다."하는 말을 믿어버리듯이 이를 받아들이고 있다.

그 사람의 잠재의식은 기계적으로 그 암시를 받아들인다. 그래서 상상을 통하여 뱀의 모습을 믿고 있다.

그에게는 모든 것이 진실처럼 보일 것이다. 당신은 마르틴 루터가 악마에게 잉크병을 던진 기록을 읽었을 것이다. 이는 곧 그의 마음, 선과 악에 관한 마음의 망상과 그릇된 판단으로 인해 생긴 그 자신의 사고의 구체화에 불과했다.

두 개의 힘을 믿으려는 미신

우리는 어렸을 때 근심이나 마음속에서 그린 그림의 형태를 통하여 생각해 왔다. 그리고 그 이상은 잘 알지 못하는 데서 하느님이나 악마에 관하여 이와 같은 상상의 형태를 구체화했다.

요컨대 우리들은 생각하고, 느끼고, 믿고 하는 것에 의하여 자기 자신의 천국이나 지옥을 창조한다는 사실은 인정하지 않고, 단지 하느님은 그 어느 높은 곳의 존재, 그리고 악마는 어느 땅속 지옥의 존재로서 마음속에 그리고 있다.

정글 속에 사는 미개인들은 쾌락은 하느님의 것으로, 그리고 모든 고통이나 번민은 자기 자신이 창조한 악마의 것으로 생각하고 있다.

역사가 비롯하기 이전의 사람들은 스스로 지배할 수 없을 듯이 보이는 힘으로 괴로움을 받고 있다고 분명히 믿고 있었다. 태양은 그들에게 열을 주었으나 그 한편으로는 대지를 불태우기도 하였다. 불은 그들을 태웠다. 천둥은 그들을 두렵게 하였다. 물은 그들의 땅에 홍수를 이루고 가축들을 앗아 갔다.

외부의 힘에 대한 그들의 이해는 많은 형태의 신들에 대한 원시적인 신앙에서 성립된 것이다.

이와 같은 미숙한 이론으로부터 그들은 그가 말하는 것을 듣고 그의 기도에 답해 주리라고 생각하여 바람이나 밤하늘의 별들, 그리고 물의 영지에 매달려 기도했다.

그들은 바람이나 비의 신에게 공물을 올리고 희생적인 제물을 바쳤다. 미개인들은 신과 갖가지 마신을 유리한 힘과 해로운 힘으로 구분했다.

이로부터 모든 종교 조직에 있어 두 가지 성격의 보편성이 탄생한 것이다. 오늘날에도 먼 옛날의 미신적인 신앙의 유물이 남아 있다.

건강, 행복, 번영을 선택하는 자유

내가 아직 어려서 추상적인 사고의 능력을 갖추지 못하였을 때 나는 다음과 같은 이야기를 믿었다.

"하느님이란 자비심 깊고 친절한 노인으로 주위에 천사들을 거느리고 천국에서 살고 계시다. 그리고 이 천국의 거리는 반짝이는 황금으로 포장이 되어 있다."

만약 내가 선량하기만 하다면 언젠가는 하늘나라로 갈 수 있으리라는 것, 그러나 반대로 나쁜 사람이 되면 지옥으로 가게 되리라 생각했다.

인간은 누구나 자유로운 존재이다. 자객이나 흉적이나 살인자가 될 수 있을 뿐만 아니라 하느님이나 국가에 헌신할 수 있는 건강하고 행복하며 기쁨에 넘친 행운아가 될 수 있는 자유를 가지고 있다.

사람은 반드시 선량해야 한다는 강요는 있을 수 없다. 사람은 누구나 선량할 수도 있으나 반대로 악인이 될 수 있는 자유 또한 갖고 있다.

만약 인간에게 반드시 선량한 사람이 되어야 한다는 강제가 있다면 그때는 자유의 존재가 말살될 것이다. 사람은 자유로운 선택이나 의사를 갖지 못한 인형이 될 것이다.

우리들의 번민·고통·불행 등 그 모든 것은 우리들이 보편적인 법칙이나 원리에 대하여 무지하거나, 그 사용법을 그르치거나, 또는 악용하는 데서 비롯된다. 생명의 법칙과 우주의 법칙, 그 양자를 총명하게 사용함으로써 우리는 무지를 극복해야만 한다.

창조하는 힘은 유일한 것이지만, 그것은 하느님, 알라, 범천梵天, 실재, 광대무변한 힘 등 여러 가지 이름으로 불린다. 순수한 의미에서 볼 때 이 힘은 일치, 조화, 평화, 아름다움, 질서, 리듬, 그리고 사랑으로서 작용한다.

그러나 사람은 이 힘을 건설적으로 또는 파괴적으로 자유로이 선택하고 사용할 수 있다.

"보라, 나는 오늘 너희들 앞에 축복과 저주를 준다. 만약 오늘 내가 너희들에게 명하는 너희들의 하느님, 즉 주님의 뜻에 따른다면 축복받을 것이다. 만약 너희들의 하느님, 즉 주님의 뜻을 따르지 않고 내가 오늘 너희들에게 명한 길에서 벗어나 알지 못하는 또 다른 신을 따른다면 저주를 받을 것이다."

유일한 광대무변한 힘만이 존재한다. 이로써 나는 당신의 생명 속에서 작용하고 있는 유일한 존재, 즉 유일한 힘으로 더 깊고 변함없는 신념을 가지지 못하는 한 참된 행복과 마음의 진실 그리고 평화를 경험할 수 없다는 것을 나는 강력히 주장하고 싶다.

실제로 결핍이나 공포나 질병이 없어진다고 하면 의견이 서로 어긋나거나 싸움이 있을 수 없는 유일한 힘을 당신이 새로이 알고, 확신하고, 그리고 절대로 믿게 될 것이다.

두 가지 힘이 존재한다는 것은 불가능하다. 하나는 또 다른 하나를 무효로 하려 한다. 그러면 모든 곳에 무질서가 범람하게 된다.

넓고 생기있는 물길이 돼라. 그리고 하느님의 조화와 평화가 언제나 당신을 통하여 흘러내리도록 하라.

당신에게 평화와 조화가 있게 하고 문제를 해결하는 지식

하느님은 한이 없다. 그리고 이 한이 없음을 나눌 수도 증식할 수도 없다. 성경에는 다음과 같이 말하고 있다.

"나는 빛도 짓고 어둠도 창조하며 나는 평안도 짓고 환난도 창조하나니 나는 여호와라 이 모든 일들을 행하는 자니라 하였노라."

이사야서 제45장 7절

이 성경의 인용문은 당신이 자기 자신에게 빛을 주기 위해 사용할 수 있는 유일한 힘만의 존재를 알기 쉽게 각색하고 있다. 그리고 당신이 의식적으로 요구할 때 무한의 지식은 그 어떤 문제에 대해서도 빛을 줄 수 있다는 것을 의미한다.

"나는 방해를 받고 있다. 길이 막혀 있다. 나갈 길이 없다. 절체절명이다."

당신이 이런 생각에 젖어 있다면 그것은 곧 당신 자신을 암흑으로 만들고 있는 결과이다. 이와 같은 정신적인 자세를 취한 이상 당신의 의식이 내리는 명령에 의하여 단지 "무한의 지식은 나아갈 길을 모르고 있다"라고 말하는 것이 되며, 따라서 자기 자신의 무지나 광대무변한 힘을 잘못 사용한 데서 생기는 암흑과 혼란된 세계에 사는 것이 될 뿐이다.

진실하며, 아름답고, 고귀하여 하느님과 같이한다면, 그 어떤 것이든, 정신적으로 조용히 생각함으로써 당신은 평화를 창조할 수 있다.

당신은 부정적이며, 불순하고, 파괴적으로 생각하는 데서 자신의 경험에 재앙을 만들고 있다. 다시 말해서 우선 자기 자신에 대하여 다음과 같이 질문하라.

"나는 이 힘을 어떤 방법으로 이용하고 있는가?"

당신이 이것을 건설적으로 조화있게 그 성질에 맞추어 사용할 때 당신은 이를 '활동하는 하느님'이라 부를 수 있을지도 모른다.

이를 파괴적이며 부정적으로, 그 성질과는 반대되는 방향으로 사용할 때는 '악령惡靈' 또는 '악마惡魔'라고 부를 수도 있다.

생활의 선과 악은 당신이 어떻게 생각하느냐에 달려 있다

자연의 모든 힘은 두 가지 방법으로 사용된다. 이 세상 그 어떤 사람이든 여기서 자세히 언급하고 단순한 진리를 이해하는 것 외에 더욱더 새로운 인간이 될 수 있을 것인가?

또한 새로운 탄생과 영적인 변화를 경험할 수 있을 것인가?

분명히 기억하라. 당신은 오직 하나의 힘만이 존재한다는 절대적인 확신을 갖지 못하는 한 참된 성장은 불가능하며, 또한 정신적인 진보를 기대할 수 없다.

"나는 여호와이니 이는 내 이름이라 나는 내 영광을 다른 자에게, 내 찬송을 우상에게 주지 아니하리라."

이사야서 제 42장 8절

당신은 마룻바닥을 청소기로 청소하기 위하여, 집안을 밝게 비치기 위하여 전기를 사용하는 반면 어떤 사람을 죽이기 위하여 또한 전기를 사용할 수도 있다.

당신은 물에다 어린이를 빠뜨릴 수 있을 뿐만 아니라 물로 어린이의 몸을 씻어 줄 수도 있다. 배를 바윗돌에 부딪치게 하는 바로 그 바람이 배를 안전하게 나아가게도 한다. 갖가지 화학적, 공업적인 과정에서 당신은 질산을 건설적으로 사용할 수 있지만, 그 질산으로 그 누군가의 눈을 멀게도 할 수도 있다. 원자 에너지는 바다 위에서 배를 달리게 할 수 있지만, 도시 시민들을 대량으로 살육할 수도 있다.

선이나 악이나 그 모두가 개인의 마음속에 존재한다. 그것은 사람들의 마음속에만 존재한다.

그 어떤 것이 선인가하는 것은 이를 사용하기에 따라 좌우된다. 그리고 이 모든 것을 고려할 때 그것은 곧 인간의 생각 여하에 따라 결정된다.

당신은 자신이 기대하는 그와 같은 존재가 될 수 있다

당신은 이해하지 못하는 것을 믿어서는 안 된다. 마음속의 선반에다 이를 올려놓고 당신 스스로 말하라.

"나의 더 높은 사람이 이 문제에 빛을 던질 것이다."

믿고 있는 바로 그것이 현실화하는 경향이 짙어가고 있다. 예를 들어, 당신이 자기의 죄를 씻기 위하여 몇 번이든 같은 상태로 되돌아가야 한다고 믿고 있다면 당신은 분명히 자신을 감금과 속박의 쇠사슬에 묶는 것이 된다. 그에 의해서 당신은 정신적인 진보를 이를 수 없다.

바로 이 시간부터 보다 멀리 보고 생각하라. 당신의 비전을 확대하라. 모든 것에 대하여 마음의 평화와 풍요를 먼저 생각하라.

당신 자신의 새로운 이미지는, 그 자신의 수학과 자기표현의 힘을 가지고 있다. 이 세상에는 당신을 반대하는 것은 아무것도 없다. 따라서 조심해야 할 아무런 이유가 없다.

당신 속에 내재하는 광대무변한 힘에 눈을 돌리고, 당신 자신을 하느님의 영광에다 맞추라. 그러면 당신은 날마다 계속 향상할 것이다. 당신은 권력에서 권력으로 영광에서 영광으로 넘나들게 될 것이다.

요약—기억할 가치 있는 사고

① 오랜 세월에 걸친 최대의 기적을 하나의 힘, 하나의 하느님, 즉 둘도 셋도 아닌 유일한 하느님의 힘뿐이라는 것을 알아야 한다.

② 효력 있는 참된 기도란 하느님의 존재가 당신을 통하여 조화, 건강, 평화, 기쁨, 정당한 행위, 풍요함, 진실한 표현, 영감으로 흐른다는 것을 깨닫

고, 이를 크게 외쳐라.

③ 하느님의 영광된 빛에 대하여 언제나 당신의 눈을 주입하고 광대무변한 빛 속으로 전진하라.

④ 어떤 문제가 있고, 이를 당신 스스로 해결할 수 없을 때는 조용히 다음과 같은 것을 긍정하라.

"나 자신 속에 있는 무한의 지식이 계획에 빛을 던진다."

⑤ 당신이 스스로 원하는 인물이 되었을 때의 당신 자신을 그려보라. 새로운 그 이미지에 충실하라. 그러면 당신의 잠재의식이 이미지를 현실화해 줄 것이다.

⑥ 하느님의 법칙이라는 입장에서 그 모든 것을 생각하라. 그러면 당신은 더 멋있는 일을 성취할 수 있을 것이다.

⑦ 아이디어야말로 우리들의 주인이다. 우리 자신이 생각한 아이디어에 의하여 제어되고 지배된다.

⑧ 당신을 창조한 하느님의 치유력이 지금 당신의 몸 안에 고인 모든 질병을 낫게 하고 있다는 것을 의식적으로 요구하라.

⑨ 머릿속의 지식만으로 충분하지 않다. 보다 효과적으로 되기 위해서는 이를 마음속의 지식으로 만들어야 한다.

⑩ 인간은 생각할 때마다 창조의 힘을 이용하고 있다. 이를 당신 생활의 광대무변한 보다 선한 것을 위하여 이용하라.

⑪ 사람은 생각하고, 느끼고, 믿고 하는 것 등에 의하여 자기 자신의 천국과 지옥을 만든다.

⑫ 당신은 건강이나 질병, 가난이나 풍요, 그 어떤 것이든 자유로이 선택할 수 있다. 당신은 선택하는 의지를 가진 존재이다. 광대무변한 생득生得의 권리로써 건강이나 조화 또는 행복을 선택하라.

⑬ 당신이 유일한 광대무변의 힘을 건설적으로 이용할 때, 이는 하느님이라 불린다.

반대로 이를 부정적으로 사용할 때 사람들은 이것을 악령, 또는 악마라 부른다. 자연계의 모든 힘은 두 가지 방법으로 이용할 수 있다. 그것이 선이냐 악이냐 하는 결정은 그 이용 방법에 의해 정해진다. 따라서 사물의 선악은 사람이 생각하기에 따라 결정된다. 모든 사람의 행복을 가늠하는 그 열쇠는 그 자기 생각 여하에 의해 결정된다.

⑭ 우리들의 선악은 우리들 자신의 마음가짐에 의해 결정된다.

⑮ 모든 신념을 현실화하는 경향이 짙어가고 있다. 아름답고 보다 높은 하느님을 믿어라. 그러면 그것은 당신의 경험으로써 탄생할 것이다.

⑯ 하느님의 더 위대한 진리에다 당신의 주의력이 가지는 초점을 맞추라. 이것이 곧 신성하며 광대무변한 비전이다.

08 정확한 결단을 내리자

Miracle of mind pynamics

성공한 사람들을 보면 각기 그 나름의 특징이 있습니다. 즉, 기민한 결단을 내리고 여러 가지 결단을 성취하기 위하여는 어떤 난관이든 이겨나가는 끈질긴 힘과 그 능력입니다. 어떤 기업가가 언젠가 나에게 이런 말을 한 일이 있습니다.

"나는 상공업 분야에서 50년 동안 일해 왔습니다. 그동안 수많은 사람을 상대해왔는데, 이들 중에서 거래에 실패한 사람들 그 대부분 경험담을 들어보면, 그들에게는 각기 공통된 하나의 특징이 있었습니다. 즉, 결단력이 부족하다는 사실입니다. 그리고 사실 결단을 내렸다 하더라도 이를 끝까지 관철해 갈 수 있는 끈기와 능력이 없었다는 사실입니다."

신성한 비전

결정하고 선택하는 힘은 인간의 최고의 특권입니다. 선택한 그것을 최초로 시작하는 인간의 능력은 하느님의 아들로서 태어난 그대로의 힘을 표현합니다.

나는 언젠가 한 젊은이로부터 편지를 받은 일이 있습니다. 그 내용은 인간의 결단력이 미치는 보다 빛나는 효과를 기록한 것입니다.

그는 마음속에서 폭스바겐 차 한 대를 구매할 것을 결정했다. 그가 감정을 담아 이를 입밖에 표현하였을 때, 그의 더 깊은 곳에 있는 마음이 그가 모르는 방법으로 대답해 주리라는 것을 알고 있었다.

결단력으로 새 차를 구매한 젊은이

다음의 편지가 바로 그것인데, 이는 결단을 내리고 그 결정을 정신적으로 고집하는 일의 효력을 말하는 멋진 하나의 실례이다.

친애하는 머피 박사님.

나는 새 차 한 대를 사겠다는 결심을 했습니다. 그러나 아직은 그럴 만한 돈이 없습니다.

나는 보다 깊은 곳에 있는 마음을 신뢰하기로 하였습니다. 나의 잠재의식이 이에 대답해 주리라는 것을 알고, 나는 이 문제를 마음속으로부터 추방하였습니다.

4월 8일 금요일 밤에, 한 친구가 나에게 10대들이 벌이는 자선시慈善市에 가자고 나를 찾아와 일요일 밤에 구경하러 가기로 약속하였습니다.

그날 밤 자동차가 양도되기로 되어 있었습니다. 나는 내가 구매하고 싶은 자동차에 3만 5,000달러의 모험을 걸었습니다.

나의 이름이 호명되었습니다. 드디어 나는 꿈꾸어 왔던 자동차를 가지게 된 것입니다. 내가 그 자동차를 가지게 된 이유는 마음 깊이 자동차에 관한 문제를 해결해 주리라고 믿고 신뢰하였기 때문이라는 것을 나는 알고 있습니다. 내가 하느님의 진리를 끊임없이 사용하는 데서 나의 생활은 완전히 조화를 이루고 있습니다.

나는 이 광대무변한 힘에 대하여 눈을 뜨게 해주신 박사님에게 고마움을 전하고 싶습니다. 일요일마다 박사님을 뵙게 되면, 그 후 1주일 동안을 보내는 데 필요한 모든 것을 나는 얻을 수 있게 됩니다. 박사님의 여러 가지 생각이나 말씀이 나와 내 가족에게 더 좋은 생활을 약속하고 있습니다.

마음으로부터 고마움을 전합니다.

추신 : 이 편지를 공개하셔도 괜찮습니다.

—캘리포니아주 서부 로스앤젤레스
필립 래어트.

용기 있는 결단이 생활을 변화시킨다

어떤 젊은 부인이 재혼할 것인가 안 할 것인가에 대하여 결단을 내리지 못하고 외로움과 좌절감에 젖어 있다고 나에게 말했다.

이 부인의 어머니는 공연한 아집을 보여 딸이 흥미를 느끼는 모든 젊은이를 하나같이 배척했다. 결국 이 여인은 모든 진취적인 모든 기상과 결단력을 상실하고 그 결과 고독과 좌절감에 빠져 버렸다.

나의 권고에 따라 이 여인은 어머니의 반대를 뿌리치기 시작했다. 전에는 그녀의 어머니가 모든 일에 그녀를 대신하여 결단을 내렸지만, 앞으로는 그녀 스스로 결단을 내리기로 했다.

그녀는 자기 결정으로 아파트를 구하고 그곳에 가구를 비치하기로 했다.

자기의 옷은 자기 스스로 선택하여 구매하기로 했다. 또한 그녀는 댄스와 수영, 그리고 골프를 즐기기로 했다. 결국 이 여인은 자신의 모든 문제는 스스로 결정하고 행동하게 되고 그것이 습관화되었다.

끝내는 그 부인의 어머니나 그 누구와도 상의함이 없이 자기 마음의 지시에 따라 멋진 남성과 결혼하기로 했다.

그녀는 스스로 결정하기 시작하고, 자신의 생활을 더욱더 값지게 보내는 데는 결코 아직 늦지 않았다는 것을 깨달았다.

분명히 알라. 사리에 맞는 결정을 내려 그 결정을 밀고 나감으로써 흐트러진 마음이나 혼동된 질서를 바로잡는 데는 결코 아직 늦지 않았다.

결단력이 가지는 불가사의한 힘

다음의 편지는 자기가 하느님의 광대무변한 마음과 일치한다는 것을 알고 자기 자신의 마음 과정과 그 결단 능력을 믿었던 신앙이 깊은 어느 부인에게서 온 것이다.

친애하는 머피 박사님.

2 ~ 3년 전 나는 무서운 자동차 사고를 당했습니다. 의사는 이렇게 처참한 사고는 아직 본 일이 없다면서 그래도 목숨을 건진 사실에 놀라움을 표시했습니다. 그만큼 나는 중상이었습니다.

그래도 나는 살아야만 한다고 생각하고 하느님의 치유력에 의존하기로 하였습니다. 나는 박사님께서 말씀하신 "하느님의 모든 힘은 당신의 결단에 따라 해답을 준다."라는 것을 기억하고 있었으므로 반드시 하느님의 힘이 나의 결단에 해답을 줄 것이라 믿었습니다.

나는 박사님의 기도 담당 성직자에게 기도 방법을 물었습니다.

무한한 치유를 가능하게 하는 존재가 나를 완전하게 하는 중임을 가끔 주장했습니다. 그러자 놀라운 치유의 힘이 나타났습니다. 나는 애초 목과 등허리에 적어도 1년 동안은 부목을 대야 할 것이라고 진단을 받았는데 기적의 힘은 기를 불과 몇 주일로 앞당겼습니다. 그리고 지금 나의 목이나 등허리는 완전하며 전혀 이상이 없습니다.

나의 마음은 지금 고마움으로 가득합니다. 그것이 나의 결심의 결과라는 것을 나는 알고 있습니다.

나는 치유될 것이라고 믿었습니다. 그에 따라 광대무변한 힘이 해답을 준 것입니다.

약제사의 결단

어느 저명한 약제사와 이야기를 나누었다. 그때 그는 이렇게 말하였다.

"나는 장사를 하는 데 있어서 여러 가지 번잡한 일로 결단을 내리기가 어려울 때가 많습니다. 그러나 분명한 결단에 이르는 사고방식으로 반드시 실행해야 한다는 생각이 들 때는 반드시 끝냈습니다."

그가 소중히 간직한 성경의 인용구는 다음과 같다.

"너희는 가만히 있어 내가 하느님 됨을 알지어다."

시편 제46편 10절

이어 그는 다음과 같은 말을 덧붙였다.

"하느님이 내 마음에 머물러 있다는 것을 깊이 생각해 볼 때가 있습니다. 그리고 마음속에 있는 무한의 영지에 대하여 나의 주의력의 모든 초점을 맞추고 있습니다. 지금 하느님께서 나에게 해답을 주시고 있음을 나는 상상합니다. 나는 마음을 편히 하고 모든 잡념을 완전히 추방합니다. 그리고 하느님의 정적과 정지에 나 자신 완전히 적중하고 있다는 것을 나는 느끼고 있습니다. 그러자 갑자기 수정과 같이 분명하게, 그의 해답이 내 마음속에 나타납니다. 그 해답은 언제나 정확합니다."

이 약제사는 여러 가지 문제에 대한 해답을 얻기 위하여, 그리고 건실한 광대무변한 힘과 일치하여 정확한 결단을 내리기 위하여 멋진 기교를 발휘한 것이다.

토머스 칼라일은 이렇게 말했다.

"침묵은 위대한 사실을 형상화하는 요소다."

정확한 결단을 얻는 효과적인 기도

다음의 글은 수많은 사람에게 그들이 결단을 내릴 때 인용하도록 가르친 나의 기도이다. 그들은 만족한 결과를 얻고, 결단을 내림으로써 축복을 받았다.

내가 알고 있는 필요한 모든 것은, 그것이 어떤 것이든 모두 나 자신 속에 있는 광대무변한 힘으로부터 나옵니다. 무한의 영지가 나를 통하여 작용하고 있어서 내가 필요로 하는 모든 것을 나에게 계시해 줍니다. 나는 생각과 말이나 행동을 통하여 모든 인류에 대하여 사랑과 평화와 선의를 확신합니다. 또 내가 그들에게 주는 그 모든 것이 곧 몇만 배가 되어 나에게로 돌아온다는 것을 알고 있기 때문입니다.

나 자신 속에 있는 하느님은 그에 대한 해답을 알고 계십니다. 지금 완전한 해답이 나에게 돌아오고 있습니다. 무한의 영지와 신성한 지혜가 나를 위하여 모든 결단을 내리고 있습니다. 이로써 분명한 행위나 올바른 결정만이 나의 생활 속에 진행되는 것입니다.

나는 하느님의 사랑이라는 이름의 외투로 나의 몸을 감쌉니다. 그러자 신성하며 분명한 결단이 나의 것이 되고 있음을 깨닫게 됩니다.

나는 평화롭습니다. 나는 영광에 빛나며 신앙과 자신과 신뢰에 가득 차서 걷고 있습니다.

나는 판단을 내리는 나의 의식적인 마음으로 들어오는 가르침을 인정합니다. 내가 이를 그릇되게 판단한다는 것은 불가능한 일입니다. 하느님은 부드럽게 나에게 말을 걸어옵니다.

하느님, 해답을 주셔서 고맙습니다.

어떻게 하면 좋을 것인가, 뭐라고 말을 하면 좋을 것인가, 또한 어떻게 판단하면 좋을 것인가. 이렇게 망설이게 될 때는 언제든지 마음을 가라앉히고 고요히 하라. 그리고 차분히 공경하는 마음으로 이상의 진리를 긍정하라. 편안한 마음으로 이를 세 번에 걸쳐 되풀이하라. 그러면 당신은 하느님의 격려를 받게 될 것이다. 그리고 마음속의 영혼이 조용히 그에 대한 해답을 내려준다는 것을 당신이 알게 될 것이다.

그에 의하여 당신은 당신 스스로 모든 것을 알고 있다는 사실을 알게 된다. 때때로 그 대답은 마음속의 확실성 있는 느낌으로서, 힘을 다한 예감으로써 또는 토스트가 토스터에서 경쾌히 튕겨 나오듯이 당신의 마음속에 명료히 떠오르는 생각으로 나타나게 된다.

직관적으로 당신이 내려야 할 회답, 분명한 결단을 알게 될 것이다. 창조적이며 지적인 기도를 통하여 더욱 분명한 결단을 내리라.

논리적인 결단의 가르침

당신이 논리적이라는 말을 사용할 때, 그것은 다음과 같은 사실을 의미한다.

첫째, 당신의 판단은 합리적이라는 것.

둘째, 그것은 타당하고 확실한 근거를 가지고 있으며, 우주의 합리적인 원리에 기초를 두고 있다는 것.

셋째, 그것은 또한 시종일관하여 추론할 수 있다는 사실.

선한 일만이 계속되는 시간에는 당신 자신이 선할 것만을 생각한다는 것의 방증이다. 이는 지극히 논리적이다.

그러나 당신이 만약 악한 것만을 생각하면서 보다 선한 것을 기대한다는 것은 비논리적이다. 왜냐하면 콩을 심은 곳에서는 콩이 나오기 때문입니다.

이것은 정신적인 우주이다. 그리고 이와 같은 정신적인 법칙은 언제나 최고이다.

논리적인 결단은 언제나 광대무변한 지혜에 기초를 두고 있다.

주식중개인이 된 여자

로스앤젤레스에 있는 어느 백화점의 한 여점원은 몇 년 동안 주식 시장에 흥미를 갖고 있었는데, 투자가로서 크게 성공을 거두었다. 이 여점원은 주식중개인으로 고용되기 위하여 야학하러 다니면서 자격을 얻기 위하여 필요한 과정을 수강했다.

그녀는 여러 번 면접시험을 보았으나, 그녀의 말을 빌리자면 "여자라는 사실 때문에 고용되지 못하였다."는 것이다.

그녀는 이런 말을 하였다.

"그 사람들은 단지, 내가 여자이기 때문에 곤란하다는 것입니다."

나는 그녀에게 다음과 같이 주저 없이 말하도록 권했다.

"나는 지금 청렴결백하며 정의에 입각한 훌륭한 수입을 약속받고, 주식중매업소에 고용되었다."

그녀가 마음속으로 이 말을 외운 순간에, 그녀의 잠재의식이 그녀의 이상이 달성되도록 완벽한 계획을 계시해 줄 것이며, 또 그 방법을 분명히 가르쳐 주리라는 것을 나는 그녀에게 설명했다. 나는 또한 의식을 통하여 주목받는 가르침을 따르도록 일렀다.

그 결과가 참으로 재미있다.

나의 충고를 들은 다음 그녀는 지방 신문에다 광고를 싣고 싶다는 강한 충동을 느꼈다. 그녀는 결국 2개월 동안은 무급으로 일하겠다는 것, 그리고 자기에게는 고객이 될 수 있는 친구와 친지가 너무나 많다는 것을 광고했다.

그녀는 곧 3개의 회사로부터 채용 통지를 받았고, 그중 한 회사를 선택할 수 있게 되었다.

이 이야기는 자기의 결단력을 믿어야 한다는 당신의 분명한 결단, 즉 잠재의식의 힘을 믿음으로써 뒷받침되는 결단에 이르렀을 때 여러 가지 불가사의한 일이 당신의 생활 속에 나타나고 모든 차질을 분석해 준다는 것을 의미한다.

광대무변한 신성을 받아들이도록 결심하라

결심하기를 두려워하거나 선택하기를 주저하는 사람은 실체에 있어서 자기 자신의 신성을 인정하기를 거절하고 있는 것이 된다. 왜냐하면 모든 사람 속에 하느님이 존재하기 때문이다. 선택하고 결단을 내리는 것은, 당신 자신이 신성하고 광대무변한 진리이다.

당신 자신이 광대무변한 세계를 지배하고 있는 것이므로 건강하고, 행복하며, 번영되게, 그리고 성공할 수 있도록 자기 스스로 결정할 수 있는 것이다. 당신의 잠재의식은 당신의 의식광대무변한 이해력 있는 의식에 절대적으로 복종한다. 그래서 당신이 명령하는 것은 그 어떤 것이든 현실화하게 된다.

성경에서는 다음과 같이 말하고 있다.

"하느님은 업신여김을 받지 아니하시나니 사람이 무엇으로 심든지 그대로 거두리라."

갈라디아서 제6장 7절

광대무변한 힘은 거짓이 없다

당신의 잠재의식은 자연의 모든 법칙과 같이 마음대로의 역할은 해 주지는 않는다.

뜨거운 난로 위에 손을 얹었다는 것은 불합리한 일이다. 만약 그렇게 한다면 그 결과로서 당신은 고통을 느끼게 된다.

높은 건물 지붕 위에서 뛰어내린다는 것은 비합리적이다. 인력의 법칙이 개인과 관계없이 작용하고 있기 때문이다.

둘에다 둘을 더하면 다섯이 된다는 것은 비논리적이다. 즉 자연의 법칙에 어긋나는 일을 한다는 것, 즉 만물이 움직일 수 없는 하느님의 규칙, 또는 사물의 정당성을 상실한다는 것은 지극히 어리석은 일이기 때문이다.

결단력이 결여되면 어떤 일이 발생하는가

언젠가 한 남자가 나에게 이런 말을 했다.

"나는 내가 어떻게 해야 좋을 것인가, 그리고 어떤 일이 보다 합리적인가를 판단할 수가 없다. 따라서 나는 결단을 내릴 수가 없습니다."

나는 그때 그에게 다음과 같이 말했다.

"당신은 이미 모든 결정을 내린 것입니다."

그는 이미 스스로 결단력이 부족하다고 결단해 버렸다.

우리들 대부분은 이런 결단 속에 깊이 빠져 있다. 또한 결정하지 않겠다는 결단을 내리면 이것은 그 자신의 마음 지배를 거절하는 것이 되므로, 일정하지 않은 마음이 그를 대신하여 결정하게 되는 것이다.

그는 자기 생각으로 추리 추론하지 못한다는 것은 어리석은 일임을 깨닫기 시작하였다. 그는 이제까지 자기를 대신하여 결단하도록 평균적인 법칙이나 여러 친구의 사고방식을 허용해 왔다.

그리고 이제 그는 태도를 역전시키고 단호한 주장을 내리기에 이르렀다.

나는 나의 힘과 능력과 나 자신의 이성적 과정의 완전함을 믿고 있습니다. 그리고 나는 지금 나 자신에게 질문합니다.

"내가 만약 하느님이라고 하면 어떻게 결정할 것인가?"

나는 나의 동기가 정당하다는 것을 알고 있습니다. 따라서 나의 소망은 옳은 일을 할 것입니다. 나의 결정은 모두 광대무변한 영지가 나를 통하여 모든 결단을 내리고 있다는 사실에 근거를 두고 있습니다. 따라서 그것이 정당한 행위라는 것은 의심의 여지가 없습니다.

이와 같은 기도에 따라 그는 모든 상행위商行爲를 전문적인 것으로 했다. 또한 가족에 대한 결단을 내렸다.

그 결과, 그는 지금 빛나는 생활을 영위하고 있다. 그는 건강도 더욱 좋아졌고 능률도 더욱 높아졌으며 이제까지 보다도 더욱더 많은 사랑과 이해를 얻어, 모든 면에 있어서 번영하고 있다.

광대무변한 힘은 당신의 결심을 후원한다

광대무변한 힘은 당신의 모든 결심을 흔쾌히 후원한다. 당신은 자기를 의식하는 인간이다. 따라서 결정할 수 있는 능력을 갖추고 있다.

당신을 대신하여 다른 사람들에게 결정하게 하거나 또는 "나를 대신하여 하느님에게 결정을 의뢰한다."하는 따위의 행위는 잘못된 것이다. 당신이 만약 그러한 행위를 할 때는 그것은 곧 당신의 외부에 있는 하느님을 의미하는 것이 된다.

하느님, 즉 무한의 영지가 당신을 대신하여 작용하는 오직 하나의 방법은 당신을 통해서만이 가능하다. 보편적인 것과 개인적인 수준에 따라 행동하기 위해선 개인이 되어야만 한다.

당신은 선택하기 위하여 있다. 당신은 의지의 힘과 진취의 기상을 가지고 있다. 그러기에 당신도 인간일 수 있는 것이다.

당신의 신격과 책임을 받아들이라. 그리고 스스로 결정을 내리라.

어떤 다른 사람이든 당신이 원하는 것을 알 방법이 없다. 스스로 결정하기를 거절할 때, 실제로 당신은 당신의 신격을 거부하고 있는 것이 된다. 그리고 당신은 노예나 하인들의 약점이나 열등감의 견지에서 사물을 생각하는 것이 된다.

자신의 결심으로 새로운 생활을 시작한 알코올 중독자

상습적인 알코올 중독자가 다음과 같은 이야기를 나에게 들려주었다.

그는 언젠가 어떤 남자의 위협을 받았다. 그 남자는 알코올 중독자의 가슴에 권총을 들이대고 다음과 같이 위협했다.

"내 앞에서 또 한 번 술을 마시면 쏘아 버리겠소."

그러나 그는 다음과 같이 회고하고 있다.

"나는 그렇다고 해서 술을 끊을 수는 없었습니다. 끊을 수가 없었던 것입니다. 나는 그가 총을 쏘거나 말거나 술을 마실 수밖에 없었습니다."

이 사실은 모든 잠재의식의 힘이 그의 배후에 있다는 것을 당신에게 지적해 준다.

그는 실제로 자신의 결정에 따라 경험한 것이다. 그다음 그는 이 결심을 역전시켰다. 그리고 나의 제안에 따라 10분 동안 엄숙하게 다음과 같은 것을 긍정했다.

나는 내 마음속에서 분명한 결론에 도달하였다. 나의 결정은 내가 곧 지극히 저주스러운 알코올 중독 상태에서 벗어나는 것이다. 이와 같은 결심은 도와주는 광대무변한 힘으로 나는 완전히 알코올과의 인연을 끊게 된다. 나는 지금 하느님에게 고마워하고 있다.

이 남자는 그 후 수년 동안이나 모든 알코올과 인연을 끊고 있다. 그리고 그의 나쁜 습관은 불식되었다.

그는 지금 광대무변한 의식을 믿는 새로운 사람이 되어 있다.

"마음을 새롭게 하는 것으로 재창조되고, 무엇이 하느님의 계시이며, 무엇이 선이며, 무엇이 하느님을 기쁘게 하고, 또한 완전한 것인가를 알아야 한다.

요약—가장 중요한 점

① 성공 한 모든 사람에게는 각기 공통된 현저한 특징이 있다. 기민하게 결정을 내려 이를 끝까지 밀고 나가는 끈기와 의지의 능력이 그것이다.

② 결심하는 힘은 인간의 주요한 소질이며 최고의 특권이다. 그것은 결코 광대무변한 힘 못지않게 위대하다.

③ 예를 들어, 당신에게 돈이 없더라도 마음속에서 자동차를 가지고 싶다는 확실한 결론에 도달하기만 하면, 그리고 당신의 잠재의식이 자동차를 공급할 수 있고, 공급해 줄 것이라고 절대적으로 믿기만 한다면, 당신의 잠

재의식은 당신이 미처 생각지 못한 방법으로 당신에게 자동차를 부여할 것이다. 그 방법은 우리들의 현재 의식, 즉 의식하는 마음에 의하여 발견되고, 그리고 나타나게 된다.

④ 당신이 만약 지금 다른 사람에게 지배되고, 그리고 자신이 해야 할 결정을 다른 사람에게 의뢰하고 있다면 즉각 스스로 결정하도록 서두르라. 그러면 모든 결정은 혼자 할 수 있는 습관을 갖게 될 것이다.

⑤ 당신은 광대무변한 힘으로 치유된다고 결심할 수 있다. 그리고 당신이 이와 같은 결심을 끝까지 고집하면 하느님의 모든 힘이 당신을 도울 것이다. 당신의 결단과 일치하여 치유가 이루어지는 것이다.

⑥ 정확한 해답을 얻기 위하여 정좌하여 광대무변한 정적과 정지에 당신 자신 깊이 빠져 있다는 것을 느끼라. 반드시 수정과도 같은 분명한 해답이 당신의 마음속으로 들어올 것이다. 그리고 그 해답은 언제나 정확하다. 그것은 마치 토스트가 토스터에서 경쾌하게 튀어나오듯 당신의 마음속으로 뛰어들 것이다.

⑦ 분명한 결정의 기도는 무한의 영지가 당신의 요구에 해답한다는 사실에 기초하고 있다. 무한의 영지는 당신이 알아야만 할 것을 당신에게 계시하고 지금 그 분명한 결정은 당신의 것이라는 것을 깨달아야 한다.

⑧ 논리적인 결심은 타당성이 있으며 확실할 뿐 아니라 확실한 근거가 있다. 또한 그것은 마음의 법칙, 즉 우주의 광대무변한 원리에 기초하고 있다. 속으로는 나쁜 일을 생각하면서 건강이나 행운 또는 행복하기를 기대한다는 것은 매우 불합리하다.

⑨ 궁지에 몰리더라도 반드시 해결책이 있다. 광대무변한 영지에는 언제 어떤 문제에 대해서든 전부 그 해답이 있다. 곤경에 처하거나 방해를 받을 때는 그 자리에서 곧 해결책이 있다는 것을 명심하라. 그러면 당신의 잠재의식이 그 해답을 얻을 수 있도록 광대무변한 힘으로 유도할 것이다. 오직 그것만이 분명한 해답을 알고 있다.

⑩ 광대무변한 힘이라는 당신의 신성을 받아들이고, 그리고 당신은 지금 건강하고 행복하며 성공을 하고 있다는 것, 번영하고 있다는 것을 결심하라. 당신이 이처럼 결심한 순간에 그것은 곧 당신을 위하여 분명히 이루어진다.

⑪ 당신의 광대무변한 마음의 법칙은 거짓이 없다. 당신의 마음을 총명하게, 사려 깊게 그리고 건설적으로 이용하라.

⑫ "나는 결정을 내릴 수가 없습니다."

당신이 만약 이런 말을 한다면 그것은 곧 당신이 결정도 하기 전에 포기해 버렸다는 것을 의미한다. 그것은 지극히 어리석은 생각이며, 전혀 의미가 없다.

실제로 당신은 이렇게 말하는 것과 다를 것이 없다.

"나는 일정하지 않은 대중의 마음이 나를 대신하여 결정하도록 의뢰하고 있습니다."

만약 당신의 동기가 옳다고 하면 당신의 행위 또한 옳은 것이 될 것이다. 지금 곧 스스로 결심하라.

⑬ 광대무변한 힘은 좋든 나쁘든 모두 당신의 결심 그 배후에 있다. 하느님, 즉 광대무변한 힘이 당신의 생활 속에서 행동하도록 하기 위해서는 당신의 사고와 당신의 마음에 그린 영상을 통하여 행동하여야만 한다. 만능의 힘이 특별히 행동하기 위해서는 그것은 특수한 개체가 되어야만 한다. 따라서 당신은 개인인 것이다. 그것은 당신이 지금 여기서 현명하게 선택하면 그렇게 되고 싶은 의지로 선수를 침으로써 자유와 생활상의 모든 축복을 받는 것을 의미한다.

⑭ 당신은 마음속에 확실한 결단을 내리는 일, 그리고 광대무변한 모든 힘이 당신의 결단을 돕는다는 것을 알게 됨으로써 어떤 파괴적인 습관에서 벗어날 수 있다. 이것은 당신의 자유이며, 또한 공민권公民權이다.

이것이 곧 아름다운 천국으로 가는 당신의 여권이다.

09 광대무변한 힘은 당신의 친구

Miracle of mind pynamics

당신은 한 인간으로서 우주를 창조한 광대무변한 힘을 지배하는 힘을 가지고 있다. 그것은 개인적인 마음, 편재적인 잠재의식까지를 포함하여 여러 가지 이름으로 불리고 있다. 그리고 다른 모든 것과 마찬가지로 절대적인 힘이다.

이 광대무변한 힘은 언제나 당신이 지시하는 대로 따라 한다. 그리고 당신의 명령이나 신념에 복종한다.

그것은 당신의 충성스러운 신하이다.

따라서 당신에게 도움이 되는 일과 당신의 지시만을 기다리고 있다.

당신의 잠재의식은 더 강력한 당신의 친구이다. 당신이 깊이 잠들어 있는 동안, 그는 당신을 지키고 있다. 그러면서 당신의 모든 생활을 지배하고 있다.

그것은 결코 잠을 자지 않는다. 그리고 끊임없이 당신이 습관적으로 생각하는 것을 형태나 기능이나 경험 또는 현실로 재현하고 있다.

일단 이를 지도하는 비결을 터득하면 그것은 곧 당신의 병든 몸을 낫게 하고, 빈 주머니에 두둑이 돈을 채워 주며, 껄끄러운 인간관계를 부드럽게 해준다는 것을 당신은 깨닫게 될 것이다.

광대무변한 힘으로 빈사 상태 아들의 병을 낫게 한 이야기

힐더 해처 부인에게서 온 편지에서는 다음과 같은 사실을 엿볼 수 있다. 즉, 아들이 건강해질 것이라는 신념을 잠재의식에 침투시키는 데 성공하기만 한다면, 기도가 이루어진다는 사실을 이 부인이 얼마나 확고히 믿었는가를 제시하고 있다.

하느님은 법칙에 따라 움직이며, 그 법칙은 또한 부인 자신의 잠재의식의 법칙이라는 사실, 그리고 부인이 믿고 있듯이 그녀 자신에게 이루어진다는 것을 이 부인은 알고 있었다.

편지는 다음과 같다.

친애하는 머피 박사님.

먼저 진실한 우정으로 나의 이 편지를 사용하셔도 좋다는 것을 말씀드립니다.

몇 년 전 나의 막내아들 찰스가 소아마비에 걸려 의사들마저도 찰스의 회복을 포기했었습니다.

그때 나는 그들의 결정을 결코 받아들일 수 없었습니다. 왜냐하면 하느님의 치유력이 내 아들을 낫게 하리라는 것을 알고 있었기 때문입니다. 나는 찰스가 회복되도록 명령을 내렸습니다. 내가 분명히 믿고 이를 긍정하였을 때 늦든 빠르든 그와 같은 믿음이 나의 잠재의식 속으로 침전하여 기적이 일어나리라는 것을 나는 믿고 있었습니다.

17일쯤 뒤 의사는 다음과 같은 진단을 내렸습니다.

"희망은 없습니다. 설사 목숨을 유지한다고 하더라도 평생 휠체어 신세를 지게 될 것이며, 두뇌 조직도 파괴될 것입니다."

그러나 나는 그들의 진단을 받아들이지 않았습니다. 그리고 다음과 같이 계속 단정했습니다.

"찰스는 하나님과의 생명과 함께 살고 있다는 것을 나는 알고 있다."

나는 〈시편〉 제21편과 23편을 계속 외우며 잠재의식이 반드시 나의 신앙에 해답해 주리라는 것을 알기 때문에 다음의 말을 되풀이하였습니다.

"찰스는 하느님의 생명과 함께 있다"

어느 날 밤 역시 기도를 드리는 사이에 나는 반 혼수상태에 빠졌습니다. 그리고 그 속에서, 찰스가 생기 있는 모습으로 유쾌하게 그리고 힘차게 뜰을 뛰어다니는 모습을 보았습니다.

그것은 정녕 현실적이었으며 활기에 넘쳐 있었습니다.

그다음 날 찰스를 진찰한 의사가 나에게 말했습니다.

"해쳐 부인, 지난밤 사이에 기적이 일어났습니다. 찰스가 혼수상태에서 깨어났습니다. 열도 내리고 지금 당신을 부르고 있습니다."

찰스는 더욱 완전한 회복을 위해 소아과 병원으로 옮겨졌습니다. 그곳에서 계속 치료를 받았습니다.

나는 병원에서 기거하는 사이에 집에서의 간호 방법을 배웠습니다. 그리고 그로부터 6일 뒤, 찰스는 걸어서 집으로 돌아왔습니다.

그로부터 1년 후 나는 집에서 일하면서 뜰에서 뛰노는 찰스의 경쾌한 웃음소리를 들을 수 있게 되었습니다. 그것은 바로 1년 전 내가 혼수상태에서 보았던 바로 그 모습이었습니다.

찰스는 지금 활기에 넘쳐 뛰고 있습니다. 우리가 믿고 있는 그 모든 것은 반드시 이루어진다는 것을 나는 알고 있습니다.

박사님께 축복을 올립니다.

—캘리포니아주 로스앤젤레스
힐더 해처부인.

이 편지는 요약한 것이지만 중요한 부분은 모두 그대로 인용하였다. 이 편지는 마음속에 있는 부인의 충실한 친구이며 부인의 막내아들을 창조한 하느님의 잠재의식은, 하느님의 광대무변한 힘으로 막내아들을 낫게 할 수 있다는 것을 알고 끝까지 인내한 한 어머니의 신앙의 힘을 분명히 나타내고 있다.

성경에서는 마음과 같이 말하고 있다.

"예수께서 손을 내밀어 그에게 대시며 이르시되 내가 원하노니 깨끗함을 받으라."

마태복음 제8장 3절

광대무변한 힘을 이용한 교육자

당신의 광대무변한 힘은 부엌의 수도꼭지가 물을 공급하듯이, 그와 같은 방법으로 당신을 돕기 위하여 대기하고 있다.

캘리포니아의 어느 교육자에게서 온 다음의 편지는 당신이 마음속에서 원하며, 그것은 반드시 이루어질 것이라는 사실을 믿기만 하면, 그리고 당신이 당신의 광대무변한 힘을 총명하게, 사려있게, 분별 있게 건설적으로 이용하기만 하면 인간관계의 그 어떤 장해라도 극복할 수 있음을 분명히 지적하고 있다.

친애하는 머피 박사님께.

우리가 직업상으로 접촉하는 많은 사람 속에서 경건함을 찾아낸다는 것은 어려운 일입니다.

몇 년 전 내가 중서부의 대학에서 학교 신임 감독관이 되었을 때 나는 이와 같은 사실을 절실히 느꼈습니다. 위원회의 한 위원이 내 생활의 파멸적인 원인이 되었습니다.

나는 2주일에 한 번씩 다섯 명의 위원들과 회합을 했습니다. 그리고 군수의 요구에 따라 다른 학교 교장들과 함께 가끔 회합했습니다.

애초에 군수가 나를 그 자리에 임명하였을 때 그는 내가 그 자리에 오래 있어서는 안 된다는 것을 다음과 같이 강조하였습니다.

"발바닥에 진흙이 묻을 만큼 오래 있어서는 안 됩니다."

그 지역에는 두 유형의 교장이 있다는 것을 나는 알고 있습니다. 즉 군수의 방침에 따라 그 밑에서 일하는 전문가 유형의 교장과 언제나 군수와 협력하며 일을 하는 교육의원 유형의 두 가지입니다.

나는 100% 전문가가 되기로 마음먹었습니다.

내가 그 자리를 인수한 지 얼마 안 있어서 그것은 분명히 옆길로 빠지지 않는 나의 전문가적인 태도 때문이었겠지만, 깊은 적의의 감정이 나와 그 교육의원 사이에 서서히 나타나기 시작했습니다.

내가 그 교육의원에게서 받은 개인적인 지시에는 따르지 않고, 군수의 제안과 그 주의 학교 법칙에 따라 매사를 운영한 데서 한층 증오심은 깊어지기만 하였습니다.

그는 끝내 나를 괴롭히기로 한 것입니다.

이 신사는 다른 두 교육의원의 투표를 좌우할 수 있었습니다. 따라서 나의 직업상의 평판마저 악화 일로에 이르렀습니다.

나는 흥분했습니다. 일반적인 견지에서 볼 때 과열하기 쉬운 교육자는 장수할 수 없습니다. 교과서나 학용품을 파는 사람 중에 그런 사람이 많이 있었습니다.

나는 호랑이 꼬리를 붙들고 있는 기분이었습니다. 나는 그 이전처럼 일을 볼 수가 없었고, 어떻든 수를 써야만 할 상황에 놓인 것입니다.

나는 종교와 깊은 관계가 있었습니다. 즉 일요학교 교장과 동시에 교회

평의 위원회 위원이었던 것입니다.

따라서 나는 이 일을 위하여 기도를 시작하였으나 솔직히 말해서 나 자신에게 있어서나 그에게 있어서 좋은 점은 찾아볼 수가 없었습니다.

마지막으로 나는 그 사람에게도 어딘가 좋은 점이 있으리라고 분명히 판단했습니다.

그는 아이들을 대단히 사랑하였습니다. 아이들을 사랑하는 그의 태도에는 확실히 하느님과 같은 숭고함이 있었습니다. 이를 깨달은 나는, 나의 두 아이를 데리고 때때로 그의 일터를 찾아갔습니다.

그 과정은 지극히 완만한 것이었습니다. 이렇게 몇 달이 지나자 서로의 감정에 화해의 기운이 감돌기 시작했습니다.

계약을 갱신해야 할 시기가 되었을 때 나는 그대로 그 자리를 지킬 것을 허락받았고, 급료도 또한 크게 올랐습니다. 그러나 나는 이와 같은 교육위원회의 제의에는 고마워하였으나 캘리포니아로 옮기기 위해 이를 사양하였습니다. 군수는 나에게 괄목할 만한 추천서를 써주었습니다.

우리는 최상의 선의로 직업상의 한계에서 벗어난 것입니다.

—캘리포니아주 세인트 게보루엘
윌리엄·H·드롤.

이것은 광대무변한 힘과 격렬한 적의나 고통, 그리고 증오심을 씻어낼 수 있는 사랑을 표현하는 한 실례라 할 것이다.

광대무변한 협력자의 도움으로 25만 달러를 저축한 이야기

이 글을 쓰고 있을 때 한 남자가 찾아와 이런 말을 하였다.

"박사님의 《잠자면서 성공한다》라는 책을 감명 깊게 읽었습니다. 나의 잠재의식은 무한의 영지, 무한의 힘과 같다는 것을 나는 알고 있습니다. 그것은 모든 것을 알고 있는 광대무변한 힘 일부분이라는 것을 나는 이해하고 있습니다."

이어 그는 다음과 같이 덧붙였다.

"나는 어떤 상업상의 거래를 조사하고 있었습니다. 그 거래는 겉보기에는 옳고 공명정대한 듯이 보였으나 어딘가 미심쩍어 나는《잠자면서 성공한다》에서 제안했듯이, 밤에 잠자리에 들 때 내일 아침까지는 분명한 해답을 주도록 잠재의식에 의뢰하였습니다. 그리고 다음 날 아침 나는 뭔가 이상한 것을 느끼게 되었다. 분명히 어떤 점을 지적할 수는 없었으나, 자꾸만 '안된다'는 자신의 양심의 목소리가 들려온 것입니다."

그는 그때 그 일에 대한 나의 의견을 물었다.

나는 그에게 물었다.

"기획되고 있는 당신의 총 투자액이 얼마입니까?"

"25만 달러입니다."

"그렇다면 당신의 잠재의식은 지금 틀림없이 당신이 경제적인 어려움에서 피할 수 있도록 당신을 돕고 있습니다."

나는 그에게 투자를 중단하고, 그 기획 전체와의 관계를 단절하도록 이야기해주었다. 그리고 그는 나의 지시에 따랐다.

그에게서 그때의 상거래 결과에 관하여 이야기를 듣기까지 나는 이 장을 공백으로 남겨 놓았다.

최근 그에게 전화가 걸려왔다. 그가 고용한 사립 탐정이 상거래를 조사한 결과 모든 것은 분명해졌다. 즉, 상업상으로 그와 제휴하려 한 사람들은 표면적으로는 성실한 듯이 보였으나 사실을 사기꾼들이었으며, 그들의 기획 또한 엉터리였다. 즉, 전문적인 사기꾼들이라는 사실이 밝혀진 것이다.

그의 광대무변한 협력자는 그를 위하여 25만 달러를 지켜주었다.

당신은 먼저 해답을 기대하는 일, 그리고 당신이 인수한 모든 일에 있어서 하느님의 정당한 행위가 필요하다는 믿음을 갖도록 배워야 한다.

매 주일 나의 공개 강연을 듣고 가는 많은 사람은 대체로 나에게 이런 말을 보내온다.

"바라고 있던 해답을 나는 오늘 아침에 받았습니다."

그 사람들은 어떻게 하여 그 해답을 얻었을까?

그들은 원하는 해답을 요구한 것이다. 그리고 그들의 잠재의식이 이에 응하여 광대무변한 지혜로써 해답해 줄 것을 믿고, 해답을 얻기 위하여 정확한 위치에 있었기 때문이다. 그들의 마음속의 문제를 해결하는 것은 내가 강연을 통하여 지시한 바로 그 방법이었다.

꿈을 꾸어 목숨을 구한 이야기

당신은 현재 의식에서는 꿈을 꾸지 않는다. 꿈을 꿀 때는 당신의 현재 의식은 잠든 채 잠재의식으로 연결된 것을 산출하는 작용을 한다.

수면 중에 잠재의식은 그 내용을 각색하고 상징적인 마음의 수많은 영상이나 뜻하지 않은 상황을 표현할 수 있다.

꿈이란 당신의 더욱더 깊은 마음속의 텔레비전 화면이다. 꿈에는 무수한 종류가 있다. 그리고 그 꿈속에서 당신은 자기 자신이나 다른 사람들에게 적합한 사건을, 그것이 객관적으로 일어나기 전에 보게 된다.

꿈은 당신의 소망이 이루어지는 장면을 표현할 수도 있으며, 또한 비극을

피하게 하는 경고도 될 수 있다.

다음의 편지는 당신의 잠재의식, 즉 광대무변한 협력자가 얼마나 열심히 당신을 보호하기 위해 노력하고 있는가를 이야기해 주고 있다.

친애하는 머피 박사님.

최근 나는 박사님이 쓰신 책 《당신도 부자가 된다》라는 책을 읽었습니다. 생각건대 그 내용은 그와 같은 종류의 내용으로는 가장 뛰어난 것이었습니다.

나는 이 자리에서 나의 잠재의식이 어떤 방법으로 나의 생명을 구해주었는가를 이야기하려 합니다.

2 ~ 3개월 전 나는 비행기 여행을 예정하고 있었습니다. 출발 전날 밤 나는 꿈속에서 승객 전원의 사망을 알리는 비행기 참사가 실린 신문을 읽었습니다.

잠에서 깨어나자 나의 마음은 공포와 불안 그리고 불안한 예감으로 가득하였습니다. 그때, 아내가 나를 지켜보고 있다는 것을 알았습니다.

아내는 나에게 이렇게 물었습니다.

"당신 혹시 나하고 같은 꿈을 꾸신 것 아니에요?"

이어 아내는 자신이 꾼 꿈 이야기를 하였습니다.

박사님, 정말로 놀라운 일이었습니다. 왜냐하면 아내가 말하는 꿈의 이야기가 바로 내가 꾼 꿈과 똑같은 것이었기 때문입니다.

나는 그 여행을 취소하였습니다. 그런데 내가 타기로 예정되었던 그 비행기가 진짜로 추락 사고를 일으키고, 꿈에서 보았던 그대로 탑승객 전원이 사망했습니다.

박사님께서 쓰신 《잠자면서 성공한다》의 내용은 진실이었습니다.

"너희 중에 선지자가 있으면 나 여호와가 이상으로 나를 그에게 알리기도 하고 꿈으로 그와 말하기도 하거니와."

민수기 제12장 6절

잠재의식의 본능

곤충에는 인간의 상상을 주저시키는 지능이 있다. 곤충의 내부에는 보호하는 본능과 돌보아 주는 영지가 있어서 차례대로 자기의 종족을 낳고, 이를 보존하기 위해 노력하다.

잠재의식의 본능 작용

무한의 영지는 모든 자연 속에 충만해 있다. 예를 들어, 조그만 물질에도 영지가 있다. 왜냐하면 물이라는 물질을 만드는 데는 산소 1원자에 수소 2원자 즉, 그와 같은 비율로의 결합이 필요하기 때문이다.

자연의 모든 형태에는 생명과 영지, 그리고 힘이 있다. 이와 같은 잠재의식의 영지에는 그것이 작용하게 되는 대상의 성질에 따라 본능적·자동적·기계적·수학적으로도 작용하기 때문이다.

자기를 의식하기 그 이전 즉, 수만 년 전 이후의 인류는 오래된 역사 속에서 인간은 많은 경험을 쌓아 왔다. 그 경험의 대부분은 잠재의식 속의 기록판에 기록되고 이는 모두 본능으로 남아있다.

예를 들어, 유독한 코브라를 직접 눈으로 본 일은 없으나, 당신이 만약 정글 속에서 코브라를 만날 경우, 당신이 그 뱀이 죽음으로 이르게 하는 무서운 독 이빨을 가진 독사라는 것을 알 수 있다. 왜냐하면 본능적인 기억이 당신의 잠재의식에 이미 기록되어 있기 때문이다. 따라서 당신은 코브라를 피하여 뒷걸음질을 치게 된다.

인간의 모든 경험에 신앙, 공포, 의견 그리고 확신을 첨가하여 우리는 이것을 민속 신앙이라 부른다.

그 속에는 극단적이며 부정적인 것도 많지만 한편으로 선한 것도 많다.

광대무변한 마음의 습관을 붙이는 방법과 그 해답

당신은 '민속 신앙'으로부터 자기 자신을 단절시킬 것을 지금 당장 결정할 수 있다. 그로 의해서 당신은 민족의 경험으로부터 온전하게 해방될 수 있다.

습관이란 것은 어떤 사고나 행위가 몇 번씩이나 되풀이되는 것에 의하여 반복적으로 잠재의식에 인상 지어지고 잠재의식의 반동으로 형상화된다.

이때 현재 의식이 자동으로 대답을 준다.

우리는 이를 제2의 천성이라 부른다. 그러나 이는 모든 사랑에게로 통하는 광대한 보편적인 행동과 반동의 원리를 의미하는 것에 지나지 않는다.

행동은 당신의 사고이며, 반동은 당신이 생각하는 성질에 따라 해답하는 잠재의식이다.

습관적으로서 행동하는 당신의 잠재의식은 위대한 충복이다.

자동차를 운전하고 컴퓨터를 사용하고, 피아노를 연주하고, 산책하고, 이야기하는 것을 당신은 자기 자신의 마음에 가르친다. 운전 방법을 연습하고 배운 다음에 자동차를 타고 어디로 갈 것인가를 당신은 결정한다. 그러면 당신의 충복이 당신을 도와 당신에게 그곳까지 운전해 갈 수 있도록 자신의 잠재의식을 조절한다.

우리들의 오르간 연주자인 배라 라도클리프 부인은 눈을 가리고 멋진 곡을 연주할 수 있다. 연주를 활동적으로 하는 것은 현재 의식이 아니라 잠재의식이기 때문이다.

이와 같은 방법으로 당신은 대단한 속도로 편지를 쓸 수 있으며 추상적인 생각에 잠길 수도 있다. 그리고 의식하지 않더라도 이해할 수 있는 대화를 할 수 있게 된다.

이 모든 것이 사람들 속에 있는 무한의 영지이다. 무한의 영지는 외형상으로는 당신에게 숨겨진 지식을 계시해 주고 생활에서의 여러 가지 문제를 알 필요가 있다는 것을 이야기해 준다.

그는 모든 것을 보고, 모든 것을 알고 있다. 당신은 자기 자신의 잠재의식에 질문할 수 있다. 그리고 그렇게 될 때 마음속으로부터 솟아나는 사고처럼 당신의 질문에 해답해 줄 것이다.

광대무변한 마음으로부터 재빨리 지도를 받는 방법

다음의 편지는 내가 진행하는 라디오 프로그램을 애창하는 어느 청취자로부터 받은 것이다.

> 친애하는 머피 박사님.
>
> 나의 아내는 나와 함께 중대한 결단을 내려야만 했습니다. 우리는 전혀 생각지도 못했었던 어려운 문제에 직면해 있다는 것을 알았습니다.
>
> 세 명의 변호사와 상의한 결과 그들은 각기 자기 나름의 충고를 해 주었습니다. 그리고 어느 목사님께서 해 주신 충고는 완전히 불만족한 것이어서 우리는 크게 실망하였습니다.
>
> 그때 아내는 이렇게 말했습니다.
>
> "지도를 구하도록 합시다."
>
> 나는 라디오 스위치를 켜놓고 싶다는 충동을 느꼈습니다. 그리고 그때 박사님께서 하느님의 가르침에 대하여 이야기하는 것을 들었습니다.

우리는 정숙하게 앉아서 5분 동안 박사님의 강연을 들었습니다. 이윽고 박사님께서는 다음과 같은 말로써 강연을 마치셨습니다.

"무한의 영지는 모든 면에 있어서 당신을 가르치고, 당신의 의식적이며 도리에 어긋나지 않는 마음으로 들어오는 회답을 당신에게 계시합니다. 그런 이상 당신은 이를 놓칠 수 없습니다. 오직 무한의 영지만이 그에 대한 해답을 알고 있습니다. 그것은 당신이 알고 있다는 사실을 또한 알고 있기 때문입니다. 태양이 내일 아침에도 떠오르리라는 것을 믿는 것과 같은 방법으로 그 해답이 당신의 것이며, 당신에게는 지금 모든 힘이 부여되고 있다는 것을 분명히 믿으십시오."

나는 우리가 당면했던 문제에 대한 해답을 얻게 되었음을 박사님께 알려드리고 싶었습니다. 그것은 완전한 해결이라는 것을 알게 되었습니다. 그 해답을 준 옛 친구를 만나고 싶다는 생각이 아내의 마음속에 자연스럽게 솟아났습니다. 그리고 우리의 모든 문제가 해결되었습니다. 어제 아침 방송에서 박사님께서 말씀하신 하느님의 가르침의 원리란 것은 실재하는 것이었습니다.

해답을 기대하라

해답이 어떤 방법으로 당신에게 오게 되는가를 이 편지는 실제로 증명하고 있다.

따라서 당신의 잠재의식은 해답을 발견하기 위하여 책을 읽게 하거나 또는 정확한 해답을 얻으려고 정확한 순간에 라디오 스위치를 켜게 하기도 한다. 또한 강연에 초대를 받아 해답을 받을 수 있을는지도 모른다.

당신의 하인잠재의식은 언제나 당신을 도우며 방향을 제시하고 있다. 그와 같은 암시, 강력한 충동, 자극, 그리고 소망은 언제나 생명의 방향에 있게 된다.

요약

① 당신은 우주를 창조한 광대무변한 힘을 유도하는 능력을 갖추고 있다. 당신이 사랑하고 있을 때는 당신 속에 있는 무한한 사랑의 일부를 사용하고 있다. 잠재의식은 당신의 명령이나 믿음의 방향에 절대복종한다.

② 당신의 잠재의식은 당신의 믿음의 방향과 그 정도에 따라 해답을 준다. 어머니는 소아마비에 걸려 회복 불능으로 진단된 아들이 반드시 나을 것을 믿고 있었다. 결국 어머니의 기도는 해답을 얻게 되었고, 의사들은 이를 기적이라 불렀다.

③ 다른 사람과의 관계가 긴박했을 경우에는 조화와 평화와 사랑을, 그리고 다른 사람에게는 선의를 확산하라. 그러면 조화로운 관계를 만들어주는 광대무변한 잠재의식의 위엄과 영지를 활동적으로 작용하게 하는 것이 된다.

④ 잠재의식에 대하여 도움을 구할 때 때때로 그것은 내부에 있는 느낌으로써 당신의 특별한 상황이나 기획이 어디가 잘못되었는가를 알려준다.
"관여하지 말라."하고 당신의 잠재의식이 말할 때는 그것은 내부에 있었던 잠재이다.

⑤ 잠재의식은 간혹 꿈을 통하여 절박한 위험을 경고하고, 비극에서 피할 수 있게 해준다. 성경에서는 이렇게 말하고 있다.

"너희 중에 선지자가 있으면 나 여호와가 환상으로 나를 그에게 알리기도 하고 꿈으로 그와 말하기도 하거니와."

민수기 제12장 6절

⑥ 자연 속의 모든 형태에는 생명, 영지, 그리고 힘이 존재한다. 잠재의식의 영지는 본능적으로, 자동으로, 기계적으로, 수학적으로 자연을 모든 형태나 동물에 작용하고 있다. 인간은 자기가 생각하는 것을 선택하고 상상을

유도할 수 있듯이, 자기 자신의 생명 또한 지도할 수 있다.

⑦ 여명기 이래, 모든 민족의 기억과 경험은 잠재의식 속의 기억에 새겨지고 있다. 이것이 곧 본능이라는 것이다. 본능은 모든 신념이나 두려움, 의견, 또는 인간성이라는 확신과 함께 우리는 이를 '민족 신앙'이라 부른다.

⑧ 잠재의식은 습관의 좌석이다. 습관은 하나의 사고나 행위를 그의 잠재의식이 그 형태를 동화하고 그로부터 자동적인 해답이 나오기까지 몇 번이나 되풀이하는 것으로서 형상화되는 것이다. 당신의 사고는 행위이며 당신은 잠재의식의 사고 성질에 따라 대답한다. 당신의 질문에 대한 해답은 여러 가지 방법으로 당신에게 부여된다.

⑨ 잠재의식이라는 이름의 당신의 협력자는 해답을 발견하기 위하여 특별한 책을 당신에게 소개할 수도 있으며, 라디오 다이얼을 돌리게 하여 당신이 당면하고 있는 문제의 해답을 얻을 수 있는 방송을 듣게 할 수도 있다.
태양은 내일 아침에도 또다시 떠오른다는 것을 믿듯이 당신의 잠재의식이 당신의 필요에 해답을 준다는 것을 믿어라. 그러면 당신이 믿는 그대로의 결과가 당신에게 나타난다.

10
건강한 마음가짐

Miracle of mind pynamics

성경에는 다음과 같은 구절이 있다.

"내가 산을 향하여 눈을 들리라 나의 도움이 어디서 올까."

시편 제121편 1절

당신의 비전은 반드시 완전한 건강과 조화 또는 마음의 평화로 향하는 가르침이라 확신한다. 정신적인 환상에 성실하기만 하면 그것은 곧 잠재의식에 현상되어 당신의 경험으로서 나타난다.

이 장을 읽으면서 이렇게 스스로 자문하라.

"나의 비전은 어디에 있는가?"

이에 대한 해답은 당신이 지금 머릿속에서 초점을 맞추고 있는 것 속에 있다. 다시 말해서 당신의 사고나 느낌, 또는 마음속에서 그리는 영상 속에 있으며, 따라서 당신이 주의력을 집중하고 있는 바로 그것이다.

당신은 당신의 비전이 있는 곳으로 가게 된다. 왜냐하면 주의력이란 생활의 열쇠이기 때문이다.

〈시편〉에서는 이런 말을 하고 있다.

"나의 발을 암사슴 발 같게 하시며 나를 나의 높은 곳에 세우시며."

시편 제18편 33절

이 말 속에는 위대하고도 심리적인 비결이 있으며, 그것이 곧 진실한 비전이라는 높은 장소에의 등산법登山法을 우리들 모두에게 가르친다.

암사슴은 걸음걸이는 정확성으로 널리 알려져 있다. 앞다리와 뒷다리와의 균형이 그만큼 완전하기 때문에 가능한 일이다. 암사슴은 앞다리로 디딘 위치에 정확히 뒷다리를 딛게 함으로써 아무리 높은 곳이라도 오를 수 있다.

이는 다음과 같은 사실을 가르친다.

"정신과 마음은 완전한 건강이나 부富 또는 안전을 구하기 위하여 협력해야만 한다."

우리들의 입을 통하여 나오는 말과 마음속의 느낌의 방법이 일치하였을 때 우리에게는 불가능이 있을 수 없다.

건강이나 부 또는 행복을 얻기 위해서는

우수한 기사技師인 프레데릭 에네크가 나에게 다음과 같은 편지를 보내왔다.

친애하는 머피 박사님께.

나는 지난 10년 동안 별개의 인간처럼 변화하였습니다. 그 이전에는 하루가 멀다고 감기에 걸리고 매년 겨울이면 독감에 걸렸었습니다. 당연히 나는 여러 가지 종류의 감기약을 먹었습니다.

또한 나는 치질, 위궤양, 배골背骨 통증으로 괴로워했습니다.

그러나 이 모든 것이 심리적 압박과 심신의 과로, 그리고 억눌린 격분 때문이라는 것을 알고 있습니다.

나는 10년 전부터 박사님의 강연을 듣기 시작하였습니다. 그리고 자기 마음의 법칙을 배우고 내가 나에게 하는 일을 분명히 알게 되었습니다. 그리고 완전한 건강이나 일에서의 조화 등 여러 사건에 나타나는 하느님의 정당한 행위에 내 주의력의 초점을 맞추기 시작했습니다.

나 자신이 부정적으로 생각하는 것을 대범하게 보고 나를 짜증 나게 하는 친척들이나 그 외 모든 사람을 마음속에서 용서하고 그들에 대한 일을 생각지 않기로 했습니다. 그리고 다음과 같은 내용의 기도를 때때로 인용했습니다.

나는 선한 것은 모두 나의 것이라는 빛 속을 걸으며, 늘 평화롭고 침착한 마음, 그리고 조용한 마음으로 있을 수 있습니다. 나의 생활에 있어서 풍요한 하느님의 뜻이 나타나 있습니다. 끊임없이 나와 그리고 다른 모든 사람을 위하여 건강, 번영, 그 외의 모든 생활에 축복을 환영幻影으로서 그려봅니다.

나는 완전히 건강을 찾은 지 이미 10년이나 됩니다. 그리고 재산이 나날이 늘어나 나의 생활에 있어 부족한 모든 면을 충만하게 해줍니다.

진심으로 박사님께 고마움을 전합니다.

—캘리포니아주 세인트 밸리
프에브로 주식회사 사장 프레데릭 에네크.

나는 프레데릭 에네크 씨를 잘 알고 있었다. 그리고 그가 광대무변한 힘에 관한 비전과 주의를 보다 선한 생활이라는 태양의 빛을 향하게 함으로써 보다 많은 고난과 도전을 정복한 사실을 나는 알고 있다.

그의 말을 인용하면 다음과 같다.

"옛날의 에네크는 죽었다. 그리고 새로운 에네크가 하느님과 제휴하여 탄생했다."

에네크 씨의 고귀한 비전은 자신에게 건강, 보배로운 재물, 그리고 행복이라는 배당금을 주었기 때문이다.

광대무변한 힘이 인명 구조를 생각한다

로자르 폰 블랭크 슈미트 박사가 다음과 같은 편지를 나에게 보내왔다.

친애하는 머피 박사님.

박사님이 최근에 쓰신 《당신도 부자가 된다》이 책이 당신의 저서 중에서도 가장 뛰어난 작품으로 생각합니다를 읽은 뒤여서 당신에게 얼마 전에 일어난 일을 이야기하고 싶습니다.

아시다시피 사람들이 고속도로에서 출구를 잘못 알아 일어나는 사고 건수는 엄청납니다. 때때로 이 문제에 초점을 맞추어 사람들의 생명을 구조할 수 있는 해결을 마음속에 그려보았습니다.

그러자 어느 날 아침 잠이 깨었을 때 어떤 아이디어가 무의식적으로 나의 현재 의식 속에 떠올랐습니다. 이 아이디어는 잘못된 방향으로부터 고속도로의 활처럼 굽은 경사 도로로 들어오는 자동차를 정지시키고 무수한 인명을 구하자는 것이었다.

나는 그 길로 내가 다니고 있던 회사에 나의 아이디어를 제의하였습니다.

얼마 동안의 조사가 진행된 뒤, 이 아이디어를 어딘가 실행 불가능한 점이 있다는 보고를 받았습니다.

동료나 기사技師, 그리고 물리학자들은 모두 내 아이디어를 비웃었고 공연한 시간과 노력의 낭비에 지나지 않는다고 말했습니다. 그리고 그것은 보나마나 실패할 것이라고 장담했습니다. 그러나 나는 합법적으로 허가를 받았습니다.

1966년 4월 24일, 나는 특허를 신청하였습니다. 그러자 1966년 8월 9일에 미국 특허국으로부터 특허 번호 326013, 명칭은 '고속도로 안전고안'이었으며, 전매 특허권이 허가했습니다. 나의 모든 주장이 받아들여지고 변경 사항 없이 그리고 소환을 받아야 할 위반 사항도 없었습니다.

많은 회사가 이제 와서는, "우리는 뭔가 기발한 것이 당신에게서 나올 것을 예측했습니다."라고 말하고 있습니다.

나는 나의 공상에 토대를 갖추었던 것입니다. 나에게는 무수한 인명을 육체적·정신적인 파괴로부터 구조하리라는 비전이 있었습니다. 신앙과 자신을 가지고 비전이 실현될 것을 즐거이 기대한 결과 나의 잠재의식이 그에 대한 해답을 준 것입니다.

박사님이 새로이 쓰고 계신 책에 이 편지를 공개하여도 괜찮습니다.

—로자아르 폰 블랭크 슈미트.

최근 우주 연구에 몰두하고 있는 연구 기사이며 물리학자인 슈미트 박사는 마음의 법칙에 관해 조예 깊은 연구가이기도 하다. 그는 이 편지에서 생생하고 명료하게 오직 한 가지 사실을 지적하고 있다. 즉 그는 목표, 그리고 승리의 실현에 이르는 넓고 넓은 길만을 보았다.

그의 비전은 사실에 있어서 모든 사물에 대한 건강한 마음가짐에 의한 것이었습니다.

광대무변한 힘이 불구를 낫게 한다

1966년 11월에 루이지애나주 뉴올리언스에 있는 뉴올리언스 유니티 협회에서 나의 신간 《당신도 부자가 된다》제7장 첫머리를 언급한 적 있다에 관한 일련의 강연을 했었다.

그 자리에 참석했던 한 남성이 나에게 이야기를 하였다.

자신은 수 개월 전만 해도 관절염 때문에 절름발이나 다름없었고 무릎을 굽힐 수 없었다는 것이다.

어느 날 밤 강도가 침입하여 그의 머리에다 권총을 들이대고 "무릎을 꿇고 앉아라"라고 명령하였다. 그는 이렇게 대답할 수밖에 없었다.

"불가능하오. 나는 관절염 환자여서 무릎을 굽힐 수가 없소."

그러나 강도는 "10초의 여유를 줄 테니 무릎을 꿇어 아니면 쏴 버릴 테야!" 라고 위협했다.

그러자 기적이 일어났다.

"갑자기 무릎이 부드러워진 것입니다. 서서히 그리고 아주 편해졌습니다. 칼슘 퇴적물이 모두 소모해버리고 관절이 아주 부드럽게, 이전처럼 움직였습니다. 박사님은 이와 같은 사실을 어떻게 설명할 수 있겠습니까?"

이것은 참으로 좋은 질문이다.

나는 그에게 설명해 주었다.

"필연적인 결과로서 뒤따르게 되는 치유의 원리가 있어서, 만약 당신이 이 원리를 이해하고 이를 적용하면 강도에게 습격당하기 전에 나아 있었을 것이 틀림없습니다."

강도가 권총을 들이대어 불구가 된 무릎을 굽혔을 때 무릎을 굽히는 힘이, 걸어 다니는 힘이, 그리고 달리는 힘이, 비록 자신은 이를 믿지 않았다

하더라도 언제나 그의 내부에 내재하고 있었다는 사실은 이치에 맞다.

광대무변한 힘은 언제든 작용할 수 있지만, 인간의 공포나 잘못된 신앙 또는 위법의 관념이 인간을 속박한다.

그의 경우는 권총에 불구를 낫게 하는 힘이 없다는 것은 너무나 분명하다. 그렇다면 결국 그는 그 자신의 내부에 있는 광대무변한 힘으로 치유된 것이 분명하다.

그의 말을 빌리면 이렇다. "지난 몇 년 동안 나 자신은 절름발이에다 무릎을 굽힐 수 없었습니다. 나의 모든 주의와 비전은 고통을 받아왔고, 한계나 육체적인 결함에 집중되어 있었습니다."

갑작스럽게 그의 고통은 사라지고 대신 그의 비전이 어떤 희생을 치르고서라도 그의 생명을 구출하도록 명령했다. 즉시 그는 생명의 구출에 도움을 주지 못하는 모든 것을 흩어져 사라지게 하는 불가사의한 치유력을 방출했던 것이다.

자기 병의 징후에 대해 늘어놓고 완전히 불쾌하기만 한 병적 기분에 몰두하는 것은 중단하라. 그렇지 않으면 사태는 더욱 악화될 수밖에 없다.

인생의 목표를 당신의 시야를 높여라. 당신의 비전이 완전한 건강과 생명력으로 향하도록 노력하라. 그러면 순간적으로 당신의 광대무변한 힘이 방출케 시작할 것이다.

눈을 들어 항상 보다 높은 비전을 지니도록 자기 자신을 훈련하라.

선한 것의 아름다움을 찬양하라. 그리고 끝없이 이에 대한 찬미를 계속하라.

신앙과 사랑의 기적

미네아 플리스에서 일주일에 걸쳐 강연한 적이 있다. 아몬 A 시일즈 박사가 운영하는 디바인 사이언스 교회에서 매일 밤 〈인생에 승리한다〉는 제목으로 강연을 했다.

나는 그 교구의 한 사람과 이야기를 나누었다.

그는 약 6개월 전에, 관상 동맥 혈전증에 걸려 길거리에서 쓰러진 일이 있었다고 말했다. 구급차가 그를 발견하고 병원으로 이송되어 응급치료를 받았다.

그러나 의사는 이렇게 말했다.

"희망은 극히 희박합니다. 아마도 앞으로 2 ~ 3시간 이상은 생명을 유지하기 어려울 것 같습니다."

의사의 말에 그는 다음과 같이 대답하였다.

"나는 살아야 합니다. 나의 두 아이에게는 내가 필요합니다. 도저히 이대로 죽을 수 없습니다. 나는 반드시 살아야만 합니다. 나에게는 해야 할 일이 너무도 많습니다. 나는 아이들을 사랑하고 있으며, 아이들도 내가 필요합니다."

그는 그 당시를 다음과 같이 말했다.

"그러자 마치 정신적인 수혈이라도 받은 듯이, 이상스러운 느낌을 받았고 입원한 지 10일째에는 나의 심장이 정상으로 돌아와 있다는 것을 심전도를 통해서 알게 되었습니다. 부정적인 의사의 예측을 거부하고 하느님의 치유력을 믿음으로써 나는 회복한 것입니다."

이 사람은 건설적인 이상을 가지고 있었고, 이를 끝까지 지켜낸 것이다. 아이들에 대한 그의 마음속의 비전과 애정이 하느님의 광대무변한 힘을 방출하여 그의 온몸을 변화시키고, 또다시 튼튼하고 완전하게 된 것이다.

하느님의 신앙과 아이들에 대한 애정이 내부에서 솟아나고, 이어서 치유라는 기적이 일어난 것이다.

어머니의 건전한 비전이 불구의 아들에게 기적을 일으켰다

다음에 제시하는 것은 베티 래네크 부인의 편지이다.

> 친애하는 머피 박사님.
>
> 내 아들 프레데릭은 항상 친척들의 비난 대상이었습니다. 그뿐만 아니라 그는 다른 모든 사람으로부터 거부되었습니다. 상황이 그러니 프레데릭은 자신의 존재는 그 누구도 원하고 있지 않다는 것을 느끼고 언제나 의기소침했으며 언제나 불안하고 초조한 마음 상태였습니다.
>
> 모든 상황을 미루어 볼 때 프레데릭은 언제나 반항적이었는데 반항적일 수밖에 없었을 것입니다. 그래서 나는 프레데릭의 더욱더 바람직스러운 모습을 공상의 세계로 그리기 시작했습니다.
>
> 내가 그린 프레데릭의 모습은 유쾌하며 행복하고 천진하였습니다.

당신 속에 있는 하느님의 특질과 속성을 믿고 신뢰하라. 그래서 전 세계 모든 사람을 위한 생명의 축복을 바라는 의미에서 사랑하라.

당신의 응시하는 점을 높여 자기 자신의 새로운 비전을 만들라. 그러면 하느님의 힘이 이에 대답하고 당신에게 일어나 걷게 하며 뛰어다닐 수 있게 한다.

당신은 당신 자신 속에 있어서 기적을 일으키는 광대무변한 힘을 찬미할 수 있을 것이다.

요 약

① 당신의 비전을 완전한 건강과 조화, 그리고 마음의 평화로 향하게 하라. 당신이 지금 당신의 모든 주의를 기울이고 있는 것, 즉 당신이 마음속에서 생각하고 상상하고 있는 것이 바로 당신의 비전인 것을 알라.

② 마음속에서 초점을 맞추고 있는 것이 어떤 것인가를 당신 자신에게 물어보라. 당신의 참된 주의력과 헌신적인 애정을 보다 고귀하고 값진 것으로, 그리고 하느님과 같이 생명의 관념에다 바치라.

③ 기도에 답을 얻기 위해서는 당신의 정신과 용서하는 마음이 완전한 협력을 이루어야만 한다. 부정적인 생각을 지닌 자기 자신을 용서해야 한다. 그렇게 하여 원한이나 증오의 마음을 지니고 있었던 사람들 모두를 정신적으로 자유롭게 놓아두어라. 그 사람들을 위하여 생활에서 모든 축복을 소망하라.

④ 당신이 듣고 싶다고 소망하는 것을 그리고 당신이 사랑하는 사람이 당신에게 이야기하고 있는 장면을 마음속에 그려 보라. 그 기쁨을 모두 자기의 것으로 느끼라. 이를 생생하게 참된 것으로 해 보라. 그러면 당신이 마음속에서 그리고 있던 것을 듣는 기쁨을 경험하게 될 것이다.

⑤ 다른 사람에게 도움이 되는 값진 일들을 뚜렷이 마음속에 그리면서 당신의 잠재의식은 당신이 요구하는 것의 성질에 따라 적절한 방법을 가르쳐 준다. 그것은 예기치 못한 방법을 통하여 당신에게 전달된다.

⑥ 당신은 공중 누각을 쌓을 수가 있는가? 쌓을 수 있다면 반드시 그에 필요한 토대를 구축하라. 광대무변한 개념을 높임으로써, 그 개념을 실행할 수 있다는 것을 알라. 믿고 안심하고 당신의 소망이 실현되기를 기꺼이 기

대하라.

⑦ 당신 속에는 무한한 치유의 힘이 있다. 그리고 당신을 만들고 당신의 모든 기관器官을 창조하는 존재는 당신을 치유할 수 있다고 주장하고, 느끼고, 그리고 깨달을 때 기적을 일으키는 힘이 당신의 신앙에 따라 해답을 준다. 이 치유하는 광대무변한 힘은 언제든 유효하며 당신의 요구에 응하기 위하여 늘 기다리고 있다. 그러면서 당신을 위하여 당신을 도울 수 있기를 고대하고 있다.

⑧ 당신의 비전과 주의를 완전한 건강과 생명에 집중하라. 그러면 치유하는 광대무변한 힘을 당신은 주기적으로 방출하기 시작한 것이다.

⑨ 모든 부정적인 예언을 거부하고, 나쁜 일에 대해 말하기를 중단하고 모든 선한 것의 아름다움을 주장하여 광대무변한 치유력과 제휴하라.

⑩ 당신이 듣고 싶다고 열망하는 것을 사랑하는 사람이 당신에게 이야기하고 있다고 항상 마음속에서 상상할 수 있다. 당신이 늘 마음속의 사진에 충실하면, 그것은 캄캄한 잠재의식 속에서 형상되어 나타난다.

⑪ 지켜보는 눈의 높이를 올리고 이렇게 되고 싶다고 소원하고 당신 자신에 관하여 새로운 비전을 얻으라. 그러면 〈사도행전〉 제3장에 나오는 그 절름발이 사나이와 마찬가지로 당신은 자신을 더욱 높일 수 있다.
당신은 걷고, 뛰고, 하느님을 찬미할 수 있게 된다. 다시 말해서 당신은 당신이 기도한 것에 대한 해답을 얻는 기쁨을 경험하게 된다. 자기의 새로운 비전을 얻으라.

11
신앙이 일으키는 불가사의

Miracle of mind pynamics

신앙이란 다시 말해서 그 사람의 생각이다. 그것은 건설적인 마음의 태도, 즉 자기가 기도하는 것은 무엇이든 반드시 일어난다고 확신하는 느낌의 방식이다.

성경을 보면 알 수 있듯이 신앙이란 특별한 교의나 종교의 신조를 믿어야 한다고는 말하지 않는다. 그것보다는 오히려 당신들 각자가 배우고 적용할 수 있는 마음의 법칙에 대한 신앙을 강조하고 있다.

실제로 당신은 자신의 믿음에 따라 모든 것을 할 수 있다. 당신은 자동차 운전 방법을 어떤 사고과정과 근육의 움직임을 여러 번이나 되풀이 함으로써 익히게 된다.

그런 얼마 후에는 자동차 운전 방법은 습관적인 것이 된다. 그러면 당신의 잠재의식으로부터 자동으로 반사적 동작이 일어나고 그에 따라 의식적인 노력이 전혀 없더라도 스스로 자동차 운전을 하고 있다는 것을 알게 된다.

같은 방법으로 우리는 걸어 다니는 법, 컴퓨터의 타이핑, 수영, 그 외의 많은 일을 배우게 된다.

농부는 대지에 밀 씨앗을 심으면 밀이, 그리고 콩을 심으면 콩이 나온다는 것을 믿고 있다. 그는 농경의 법칙을 믿고 있다.

전기 기사는 전기가 전도성과 절연의 법칙에 답한다는 것을 믿고 있다. 그리고 고전위高電位에서 저전위低電位로 흐른다는 것을 알고 있다.

에디슨은 축음기를 고안했다. 그는 눈에 보이지 않는 고안이 반드시 실현되리라는 것을 믿고 이에 착수했다.

생각하는 것이 곧 행위를 하는 것을 알 때 비로소 당신은 그것을 믿게 된다. 당신이 느끼는 것에, 그리고 상상하는 것으로 하여 당신은 형성된다.

모든 사람은 무엇인가를 믿고 있다

누구나 각기 무엇인가를 믿고 있다는 것은 진실이다. 무신론자는 자연의 법칙이나 전기화학 또는 물리학의 원리를 믿고 있다.

당신은 지금 무엇을 믿고 있는가?

모든 선한 것, 최고의 것을 기꺼이 기대함으로써, 그리고 광대무변한 힘이 당신에게 어려움을 헤쳐나갈 힘을 주고 그 길을 가르쳐 준다는 것을 마음속에 새기고 이를 확신하라.

당신이 육체적으로 또는 정신적으로 완전할 수 있도록 하느님의 치유하는 힘을 믿어라. 이와 같은 신앙이 당신을 공포, 의혹, 고난의 바다를 무사히 건너게 하고, 갖가지 상상 속의 위험을 이겨내게 해준다.

2만 5천 달러의 저당을 갚다

내가 마침 이 글을 쓰고 있을 때 북 캐롤라이나에서 온 한 남자가 내게 면담을 요청해 왔다. 그는 재미있는 이야기를 했다. 그는 신앙과 용기로써 자기 자신의 생활을 놀라울 만큼 변화시켰다.

그는 이런 이야기를 했다.

"박사님이 쓰신 책 《당신도 부자가 된다》를 읽은 다음 나는 하느님이야 말로 더욱더 높은 곳에 있는 나 자신이며, 내 마음속에 살아 있는 광대무변한 힘을 깨닫고 하느님을 나의 친구로 삼기로 했습니다. 눈에 보이지 않는 존재에 대하여 나는 이야기하고, 그리고 말할 것입니다. 즉 당신은 나의 친구입니다. 따라서 나는 당신이 안내하고, 지도하고, 모든 면에 있어서 나를 위하여 조언해 주도록 부탁합니다."라고요

그는 이어 다음과 같이 자신의 이야기를 끝맺었다.

"지금 우리는 완전한 상호 간 연대를 이루고 있습니다. 따라서 나에게 실패란 있을 수 없습니다."

이 젊은이는 혼자 힘으로 장사를 할 만한 용기가 없었는데, 앞에서 말한 대로의 태도로 기도하고 자신 내부의 신성한 존재와의 결합을 긍정한 다음부터는 힘과 자신의 새로운 큰 물결이 그의 내부에서 솟아나 밀려오기 시작했다.

그는 비록 적은 돈이기는 하였으나 조그만 음식점을 시작했는데, 신앙과 용기라는 불가사의한 재능으로 불과 1년도 안 되어 2만 5천 달러의 저당 증서를 모두 갚을 수 있었다.

그의 친척들은 음식점이 파산하리라는 것을 예견했으나 그는 이를 거부하고, 자기를 사방에서 지켜 주는 내부의 광대무변한 힘을 믿음으로써, 어

떤 것이든 자기를 패배하게 할 수 없다는 것을 깊이 믿고 이해하고 있었다.

잠재의식, 즉 자기의 최상의 친구인 광대무변한 힘이 조언을 주어 자기를 번영하게 해 주리라는 생각을 흡수해 버리고 이것이 실현되기까지 그와 같은 믿는 마음을 굳세게 지킨 것이 그가 성공할 수 있었던 비결이다.

소망을 실현하기 위해서는

당신의 소망, 당신의 생각, 당신의 계획, 그리고 당신의 꿈 등은 비록 그것이 눈에 보이지 않더라도 진실임이 틀림없다고 믿게 될 때 당신의 신앙은 깊어진다. 그와 같은 생각이 진실이라는 것, 그리고 그것이 곧 당신 마음속의 사실이라는 것을 명확히 알게 됨으로써 당신에게 신념을 주고 당신을 혼란이나 반대, 투쟁, 또는 공포로부터 떠오르게 하여 당신 자신의 마음속 깊이 있는 확신의 자리로 이르게 해준다.

광대무변한 힘을 믿은 어느 극작가

최근 미네아 플리스에서의 강연 여행 중에 어떤 젊은 남자가 내가 머무르고 있는 호텔을 찾아와 자신이 쓴 극본을 나에게 보여 주었다.

그 일부를 읽어보고 나는 그것이 퍽 흥미로운 내용이라고 생각했다. 그러나 그는 이 극본이 채택되기를 원하고 여러 곳에 보냈지만, 그들은 모두 불합격 통지서를 보내왔을 뿐이라는 것이다.

그는 이렇게 말했다.

"나는 이 일로 몹시 고민하게 되었고, 그로부터 불합격 공포증에 시달리고 있습니다."

나는 먼저 그에게 자신의 태도를 바꿀 것을 권했다.

그 극본의 아이디어는 자신의 정신으로부터 나온 것이며, 자신의 손과 마찬가지 것이라는 것을 그는 깨달아야만 했다. 그리고 원고를 잃어버리거나 원고가 파기되면 그는 또 다른 극본을 쓸 수 있다는 것, 즉 아이디어는 씨앗과 같은 것이며, 우리들이 씨앗에다 생명력을 주는 것은 아니라는 이 사실을 실감해야만 했다.

씨앗에는 자기 자신의 힘으로 자랄 방법이 내재하기 때문이다.

우리들의 행위는 그 모두가 대지에 뿌려진 씨앗과 같아서 자신의 힘으로 자랄 수 있다. 다시 말해서 우리는 씨앗에다 물을 주고 퇴비를 줄 수는 있으나 이를 자라게 할 수는 없다.

라디오가 이 세상에 나오기 전 발명가의 마음속에서는 이미 현실화하여 있듯이, 새로운 건물의 도안이 건축가의 마음속에서는 이미 진실이며 현실이듯이 젊은 청년의 극본 또한 신선한 씨앗의 아이디어라고 바꿔 생각했다.

이것은 쓸모없는 공상이 결코 아니다. 아이디어에는 형태가 있고, 모양이 있고, 또한 마음이라는 또 다른 세계의 실체가 있다.

그는 용감하게 다음과 같이 긍정하기 시작했다.

무한의 영지가 극본의 아이디어를 나에게 주었습니다. 이것은 뛰어난 극본으로서 인류를 격려하고 향상해 줄 것입니다. 이와 같은 아이디어를 고안해 낸 마음속에 있는 창조의 영지가 이를 안전하게 성취할 수 있는 문을 열어 줄 것이라는 사실을 나는 지금 받아들입니다. 인력의 법칙이 나를 위하여 작용하고 있다는 것을 나는 알고 있습니다. 그리고 이 극본을 받아들이고 크게 광고하여 상연해 줄 적당한 사람을 지금 끌어당기고 있습니다. 나는 보다 깊은 내 마음의 요구를 표출합니다. 그러면 흙 속에 묻혔던 한 알의 씨앗이 점차 커져서 부풀고 봉오리가 열리듯 나의 잠재의식 속에 묻혔던 나의 소망도 나의 극본을 안전하게 상연시켜 주리라는 것을 나는 알고 있습니다.

마침내 이 젊은이로부터 나는 멋진 편지를 받았다.

그 편지에 의하면 카지노에서 게임 도중 비버리힐에서 온 어느 영화사의 중역을 만났고, 그 사람과 자기의 극본에 대하여 상의할 수가 있었다는 것이다.

영화사 중역은 대단한 흥미를 느끼고 그 극본을 보여달라고 요청했다. 그리고 그 중역은 그의 극본에 심취되어 즉각 그와 계약을 맺었으며, 연기자나 연출가 또는 그 외의 모든 필수품을 준비해 주었다.

이상의 이야기는 곧 창조하는 영지를 신앙하고 기도에는 답이 있다는 신념에 따라 행동한 그의 용기에 기초한 위대한 인력의 법칙이 이루어 주는 기적이었다.

신앙은 곧 신뢰이다. 어머니의 두 팔 안에 안겨 있을 때 당신은 어머니를 전적으로 믿었다. 당신 어머니의 눈을 바라보고 그 속에서 따뜻하고 편안한 사랑을 본 것이다.

광대무변한 힘, 그것은 전지전능, 그리고 전애全愛이다. 당신이 이를 믿게 될 때, 그것은 당신이 어머니를 믿었을 때 이상으로 위대한 힘을 나타내게 된다.

자기 불신과 공포를 정복한다

나는 수개월 전 와이오밍에서 온 한 젊은 남자와 이야기를 나누었는데, 그는 그때 승진하여 샌프란시스코로 이주하게 되어 있었다.

하지만 그는 공포와 근심과 열등감으로 가득 차게 되었고, 결코 승진할 수 없다는 것, 그리고 반드시 모든 사람의 기대에 보답할 방법이 없을 것이라고 단정했다고 나에게 말했다.

이 말을 다시 표현하면 그는 자기를 불신한 나머지 주저하게 된 것이다.

그는 이렇게 말했다.

"보이지 않는 무엇인가가 항상 내 마음속에 나타나 그것을 해낼 수 없다고 속삭였습니다."

나는 그에게 그 속삭임의 근원을 설명하고, 그것은 아마도 어린 시절로 거슬러 올라가 그의 잠재의식의 더욱더 깊은 곳에 고여 있는 공포, 근심, 열등감, 또는 자기 불신의 표출이며, 이와 같은 부정적인 생각이 지금 그를 지배하고 억제한다는 것을 지적해 주었다.

나는 그에게 간단한 공식을 알려 주었다. 즉 성실하게 습관으로 실행하면 머리를 깨끗이 정화하는 작용을 하고 있어서 대단히 효과적이었다.

물통에 더러운 물이 담겨 있을 때는 물통에다 맑은 물을 계속 부으면 잠시 후에는 더러운 물이 모두 맑은 물로 바뀐다는 것을 그에게 이야기해 주었다.

이와 마찬가지로 그의 마음속에 도사리고 있는 부정적인 모든 생각을 그곳으로부터 몰아낼 수 있는 건전한 생각으로 그를 충만케 했다.

나는 그에게 다음과 같은 기도를 권했다.

나는 하느님을 믿고 모든 것이 선하다는 것을 분명히 믿고 있습니다. 나는 광대무변한 힘과 하나입니다. 하느님과 함께 있는 것은 혼자가 아니라 많은 친구를 가지고 있는 것입니다. 하느님과 우주는 나를 위하여 존재한다는 것을 나는 알고 있습니다. 따라서 그 어떤 것이든지 나를 거역할 수 없습니다.

두려운 존재는 결코 있을 수 없으며, 있다 하더라도 힘을 발휘할 수 없다는 것을 알고 있으므로 나는 언제나 대담합니다.

공포는 나의 마음의 그림자에 불과합니다. 그림자에는 힘이 없습니다. 지금 나는 신앙심과 자신감에 넘쳐 있습니다. 나에게는 앞날에 있을 모든 문제와 부딪혀 나갈 용기가 있습니다. 부딪혀 나가는 내 속에 있는 하느님의 힘으로 나는 모든 문제를 정복합니다.

하느님의 힘과 선한 나의 사고는 한 몸입니다. 나는 지금 신성한 존재에 열중하고 있습니다. 하느님의 사랑이 나의 영혼을 충만하게 하고 하느님의 평화로운 냇물이 나를 통하여 흐르고 있습니다.

사랑에는 두려움이 있을 수 없습니다. 하나의 힘을 사랑하고 이를 인정하면 내 속에 있는 모든 공포가 추방되기 때문입니다.

나는 내가 살아 있는 한 그 어떤 순간에도 신앙심, 용기, 또는 자신감이 점차 증가한다는 것을 알고 있습니다. 그리고 하느님의 힘이 지금 내 속에서 흐르고 있는 것을 느낍니다.

나는 지금 지극한 평화 속에 있습니다.

마음은 자연과 같은 진공을 싫어합니다. 이 젊은이가 앞에 말한 것과 같은 정석적인 생각으로 매일 아침과 낮, 그리고 밤으로 약 10분씩 그의 마음을 충만하게 하기 시작했을 때, 지난 몇 년 동안 열등감과 의혹이라는 속박을 받아왔던 그의 두려움과 근심을 전부 그의 마음속으로부터 씻어내는데 성공했다.

이와 같은 명상의 기술을 하고 사용하고 있을 때, 그는 샌프란시스코에서의 승진을 약속받고 이를 수락했다. 그리고 그는 마음을 바꾸어 완전히 변했다.

사태에 직면하여 갖가지 공포를 지적하고 이를 내던질 수 있었던 그의 용기는 성공과 수입 증대와의 의기양양한 여로의 첫걸음이 되었다.

셰익스피어는 이렇게 말했다.

"의혹은 배신자이며, 실행을 두려워한다는 것은 어쩌면 몸에 넣을 수도 있었을 선한 것을 놓치는 것이 된다."

기적적으로 건강을 되찾은 사람

여기 시카고에서 온 놀라운 편지가 있다.

친애하는 머피 박사님

내 아들은 아주 심한 소아마비에 걸렸습니다. 한동안 아들은 의식을 잃었습니다.

한 의사가 나에게 기도를 하도록 용기를 주었습니다. 나는 박사님이 쓰신 《승리의 길은 열린다》를 헤아릴 수 없이 많이 읽었습니다. 박사님이 그 책 속에 쓰신 여러 가지 기도를 나는 실천해 보았습니다. 그리고 성경에서 인용한 문구에 느끼는 것이 있었습니다.

"그들이 부르기 전에 내가 응답하겠고 그들이 말을 마치기 전에 내가 들을 것이며."

이사야서 제65장 24절

"주께서 심지가 견고한 자를 평강하고 평강하도록 지키시리니 이는 그가 주를 신뢰함이니이다."

이사야서 제26장 3절

"딸아 안심하라 네 믿음이 너를 구원하였다."

마태복음 제9장 22절

"할 수 있거든이 무슨 말이냐 믿는 자에게는 능히 하지 못할 일이 없느니라."

마가복음 제9장 23절

"마음의 즐거움은 얼굴을 빛나게 하여도 마음의 근심은 심령을 상하게 하느니라."

잠언 제15장 13절

"나는 너희를 치료하는 여호와임이라."

출애굽기 제15장 26절

"무엇이든지 기도하고 구하는 것은 받은 줄로 믿으라 그리하면 너희에게 그대로 되리라."

마가복음 제11장 24절

"여호와의 말씀이니라 그들이 쫓겨난 자라 하매 시온을 찾는 자가 없은즉 내가 너의 상처로부터 새 살이 돋아나게 하여 너를 고쳐 주리라."

예레미야서 제30장 17절

나의 마음은 이 성경의 구절 외에 박사님이 쓰신 글에 집중했습니다. 또한 이상의 구절을 끊임없이 나의 마음속으로 새겨 넣는 훈련도 했습니다.

그러자 3일째에 지극히 깊은 평화로운 느낌이 오랜 시간 계속되는 듯한 기분을 느꼈습니다. 그리고 누워 있는 아들의 의식 없는 얼굴을 바라보자 그는 나에게 웃음을 지었습니다.

그 순간 나는 하느님이 내가 구하는 것을 이루어 주었다는 것을 알았습니다. 이것은 4개월 전에 일어난 일입니다. 아들은 지금 서서히 회복되고 있습니다. 의사들이 나를 진심으로 격려해 주고 있습니다. 그리고 하느님이 내 아들을 낫게 해준다는 것을 나는 알게 되었습니다.

이 편지를 박사님의 뜻대로 공개하셔도 좋다는 것을 덧붙입니다.

—일리노이주 시카고 L. J.

모든 것이 절망적이라고 생각될 때에 하느님의 진리를 굽힘 없이 긍정한 이 부인의 신앙과 신뢰, 그리고 불가사의의 기적을 보라.

당신 자신 속에도 어떤 장해물이라도 정복할 수 있는 강한 용기, 신앙, 그리고 자신감이 있다.

필요한 모든 것을 위하여 광대무변한 힘을 초청하라. 그러면 극복할 수 없는 장해라도 충분히 정복할 수 있는 용기와 힘을 당신은 가질 수 있게 될 것이다.

당신 속에는 기적을 일으키는 광대무변한 힘이 있다

당신이 하느님의 광대무변한 힘을 전달하는 매개물이라는 것을 이해할 때 용기와 신앙, 그리고 희망이 당신에게 주어진다.

성 바울은 이렇게 말했다.

"권세는 하느님으로부터 나지 않음이 없나니 모든 권세는 다 하느님께서 정하신 바라."

로마서 제13장 1절

예를 들어, 원자력 또한 하느님의 것이다. 인간이 희망하는 방법으로 어떻게든 사용할 수 있다.

전기의 에너지 또한 하느님의 것이다. 한바탕의 돌풍도 하느님의 힘을 표현하고 있다. 지구를 지축으로 회전시키고 우주 공간에 있는 행성이나 은하를 움직이고 있는 그 힘은 모두가 광대무변한 힘을 반영하고 있다.

당신은 이와 같은 무한의 힘을 가질 수 있다. 그리고 당신이 생각하는 것을 통하여 그에 접촉할 수 있다.

하느님은 당신 속에 살고 있고, 당신 속을 걷고 있으며, 당신과 이야기하고 있으므로 당신의 모든 생활 그 자체이다.

내 힘을 인정하고 이 존재와 결합하여 바로 이 순간에 영지·힘·사랑·빛, 그리고 진리의 잠재적인 전달자가 돼라. 앞으로는 "이 문제를 나는 극복할 수가 없다. 나는 이 문제, 또는 그의 도전을 초월할 수가 없다."라는 식의 말은 할 필요가 없다. 아니 이런 말을 해서는 안 된다.

실제로 당신이 하는 말은 하느님 또한 그 문제와 직면할 수 있다는 것, 또는 이를 해결할 힘이 없다는 것을 의미한다. 그것은 무신론자이며 전능의 하느님을 거절하는 것이 된다. 용감히 긍정하라.

"나에게 대답하고, 모든 방법으로 나에게 용기를 주는 광대무변한 힘으로 나는 모든 일을 해나갈 수 있다."

그러면 당신의 생활 속에 불가사의한 일이 일어날 것이다.

심한 편두통이 나은 이야기

샌프란시스코에 있는 나의 친구인 목사가 몇 달 전인가 나를 찾아와 심하게 앓았던 편두통에 대하여 여러 이야기를 하던 끝에 다음과 같은 말을 했다.

"일요일 아침, 설교하고 있으면 이따금 골이 빠개지는 듯한 편두통의 습격을 받을 때가 있습니다."

의사가 처방을 내려주는 약은 그런대로 잘 듣는 편이지만 어떤 때는 전혀 듣지 않을 때도 있다고 그는 덧붙였다. 이어 그는 "때때로 너무나 심한 통증에 소리를 지를 뻔할 때가 있습니다."라고 말했다.

그는 나의 두 손을 자신의 이마에다 얹고내가 이런 방법을 쓰는 것은 극히 드문 일이지만 자신과 함께 기도해 주도록 부탁했다.

나는 그가 원하는 대로 해주었다.

"당신의 손을 바라보고 있으면, 그 손이 하느님의 치유력을 전하는 전도대傳導帶라는 것을 알 수 있습니다."라고 그는 말했다. 그런 다음 그는 〈마가복음〉 제5장 23절을 인용했다.

"간곡히 구하여 이르되 내 어린 딸이 죽게 되었사오니 오셔서 그 위에 손을 얹으사 그로 구원을 받아 살게 하소서 하거늘."

그는 또한 역시 〈마가복음〉 제6장 5절을 함께 인용했다.

"거기서는 아무 권능도 행하실 수 없어 다만 소수의 병자에게 안수하여 고치실 뿐이었고."

나는 그의 이마에다 두 손을 얹고 다음과 같이 기도했다.

당신을 방해하는 것은 그 모두가 지금 당신에게서 떠나려 하고 있습니다. 그리고 당신은 하느님의 자유를 따라 흐르고 치유하는 조화로운 생생한 생명으로 가득 차 있습니다. 광대무변한 힘이 지금 나의 두 손으로부터 흘러 당신의 몸 그 모든 곳으로 침투하고 당신 몸의 모든 기관을 하느님의 완전한 형태로 바꾸고 있습니다. 평화로운 하느님의 냇물이 당신을 통하여 흐르고 또한 하느님의 사랑으로 이룩된 바닷물이 당신의 온몸을 적시고 있습니다. 당신은 청결해지고 치유됩니다. 하느님의 사랑이 지금 당신에게 닿아 있습니다. 그리고 당신이 치유된 사실에 우리는 고마워합니다.

나는 두 손을 그의 머리에 얹고 약 15분 동안 조용히 있었다. 우리는 하느님의 은혜와 치유의 힘을 주입하는데 집중했다. 이 목사의 온몸엔 열이 오르고, 몸도 부들부들 떨고 있는 것을 느낄 수 있었다. 온몸에서 땀이 비가 오듯 쏟아졌다. 그러자 갑자기 그가 소리쳤다.

"나는 완전히 나았다는 것을 알 수 있습니다."

그리고 그 후로 그는 재발하지 않고 완전히 치유되었다. 이야말로 광대무변한 치유의 힘에 대한 신앙과 불가사의이다.

"네 믿음이 너를 구원하였다."

마태복음 제9장 22절

광대무변한 힘은 이를 옳게 이용할 때 약보다도 나은 힘을 나타낸다.

요약—유리한 지침

① 신앙은 종교적인 설득이 아니며, 오히려 당신이 구하는 것에 무한한 힘이 응답하고, 그리고 당신이 기도하고 구하는 것은 반드시 이루어진다는 생각, 건설적인 태도, 즉 자신감을 의미한다.

② 농부는 신념을 가지고 있다. 대지에 씨앗을 뿌릴 때 뿌린 씨앗의 종류대로 식물이 성장한다는 것을 알고 있다. 생각하는 것이 곧 행위라는 것을 알게 될 때 당신은 신념을 가지게 된다. 당신은 당신이 느끼고, 그리고 끌어당기고 상상하는 것으로 된다.

③ 누구나 반드시 무엇인가를 믿고 있다. 무신론자까지도 자연의 법칙이나 전기, 물리, 그리고 화학의 원리를 믿고 있다. 당신의 신앙은 이보다 뛰어나지 않으면 안 된다. 또한 당신의 신앙은 선한 하느님에 대하여, 하느님의 가르침과 사랑에 대하여, 그리고 당신의 마음의 법칙 안에 있어야만 한다. 왜냐하면 이 모든 것은 결코 변함이 없기 때문이다. 그것은 어제도 오늘도 그리고 영원히 불변하다.

④ 하느님보다 고귀하고 광대무변한 당신 자신을 당신의 조용한 친구로 대하라. 그러면 그의 힘과 한 몸이 된 당신은 보다 유쾌한 생활을 할 수 있게끔 되고, 그리고 앞으로 자기를 움직일 수가 있게 된다.

⑤ 당신이 지금 마음속에 품고 있는 아이디어가 당신의 손이나 머리와 마찬가지로 진실이라는 것을 알게 될 때, 당신의 신앙은 깊어진다. 그것은 당신의 마음속에서 형태를 갖추고 실체가 된다. 이를 신앙과 기대로써 감싸면, 그것은 곧 허공의 영사막에 구상화된다.

⑥ 아이디어란 대지에 뿌려진 씨앗과 같다. 당신은 그 씨앗에 생명력을 부여할 수는 없지만, 그 씨앗 속에는 타고난 힘이 갖추어져 있어서 스스로 피어날 수 있는 힘을 가지고 있다. 이와 같은 방법으로 기대하고 당신의 소망에 물을 주거나 이를 신뢰하여 다듬으면 형상, 작용, 경험, 또는 현실로서 나타나게 되는 그 시간을 단축할 수 있다.

⑦ 당신이 당신의 마음을 영구불변의 진리와 광대무변한 생각에 생명을 부여하듯이 가득하게 할 때 당신은 당신의 잠재의식으로부터 부정적인 모든 것을 추방하고 모든 공포를 내던지고, 신앙, 용기, 그리고 사랑을 위한 길을 열 수 있게 된다.

⑧ 당신이 당신의 마음을 성경에 있는 어떤 깊은, 정신적인 영혼을 낫게 하는 구절과 연결할 수 있을 때, 즉

"나는 너희를 치료하는 여호와임이라."

출애굽기 제15장 26절

"네 믿음이 너를 구원하였다."

마태복음 제9장 22절

그 외 많은 성경 구절과 연결할 때, 당신은 서서히 자신의 잠재의식을 광대무변한 영지에 물들게 하는 것이 된다. 그리고 여기서 치유의 기적이 계속 나오게 되는 것이다.

⑨ 모든 힘은 하느님의 것이며, 또한 하느님은 전능하다. 당신은 하느님과 한 몸이다. 따라서 다음과 같은 말을 해서는 안 된다.

"나는 이 일을 할 능력이 없다."

"나는 불치병을 앓고 있다."

"이 문제는 나로서는 풀 수 없다."

당신이 이런 말을 한다는 것은 실제에 있어서 다음과 같이 말하는 것이 되기 때문이다

"하느님이나 광대무변한 영지도 이 문제를 풀 수 없다."

"하느님은 나를 낫게 할 수 없다."

당신이 만약 이런 말을 한다고 하면 바로 그 순간에 당신은 무한의 존재

와 그 힘을 거절하고 있는 것이 되므로 무신론자가 된다.

⑩ 두 손을 머리에 얹고 치유하는 일 또한 병을 치유하기 위하여 당신 자신 속에 있는 광대무변한 힘을 요구하는 방법은 오래전부터 있었다. 많은 사람이 접촉하는 힘과 두 손을 얹는 일의 그 큰 힘을 믿고 있다. 그리고 사람들이 믿고 있는 대로의 일이 실현된다.

12
구하는 것을 얻는 방법

Miracle of mind pynamics

소망은 당신이 표현하는 것을 구하고 있는 하느님, 즉 광대무변한 힘의 선물이다. 당신이 배고픔을 느낄 때는 생명의 원리가 당신의 생명을 유지하기 위하여 음식물에 대한 소망을 느끼게 한다.

목이 마를 때는 물을 소망하게 되고, 추울 때는 불을 소망하게 되며, 병이 들면 당신은 건강을 소망하게 된다. 이것이 바로 생명의 원리이다.

당신 속에 있는 광대무변한 것은 제한된 형태로 표현되는 것을 몹시 싫어한다. 보다 깊은 당신의 마음속 소망, 충동, 암시 또는 자극은 항상 생명을 향해 있으며, 당신이 일어설 수 있도록, 당신이 뛰어날 수 있도록, 그리고 보다 크게 성장할 수 있도록 항상 건강이나 행복, 번영, 진실을 나타내어 당신의 이상이나 꿈, 그리고 포부 등을 달성하고 싶다는 소망을 지니도록 당신에게 촉구한다. 소망이야말로 당신을 보다 위로, 보다 앞으로, 그리고 보다 하느님 가까이 밀어주는 자극제이다.

구하는 것을 얻고 인생의 목표를 달성하고 싶다는 강력한 소망과 강력한 야망을 가졌던 사람들이 오늘날의 아메리카, 즉 세계 최대의 산업 국가를 이룩했다. 예를 들면, 헨리 포드는 자동차를 만들기를 소망했다. 그리고 그는 처음보다도 더욱 크고 원대한 소망을 가졌다. 즉 그것은 전 세계의 모든 사람을 자동차에 태우는 일이었다.

이와 같은 소망을 달성함으로써 전 세계의 수많은 사람이 직업을 얻을 수 있었으며 헬 수 없는 방법으로 축복을 받게 되었다.

소망이 그 시초이며, 실현實現이 그 종말이다. 그리고 그것이 곧 문제의 해결이다. 소망을 이루지 못하면 좌절, 불행, 질병의 원인이 된다. 오랜기간에 걸쳐 밤낮으로 목표하는 것에 도달하기 위하여 소망을 계속하였으나 그래도 구하는 것을 이루지 못하는 경우에는 당신의 생활은 혼란에 빠지고 끝없는 고통을 겪게 되며 정신적으로, 감정적으로, 또는 육체적으로도 끝없는 번민의 원인이 된다.

당신의 운명은 당신이 창조한다

"너희가 섬길 자를 오늘 택하라."

여호수아 제24장 15절

성경에는 이와 같은 구절이 있다. 즉 당신은 지금 이 순간부터 새로운 미래를 창조할 것을 선택할 수 있다. 당신이 생각하는 것이나 감정은 당신의 운명을 지배한다.

에머슨은 다음과 같은 말을 했다.

"인간은 하루의 생활에 있어서 자기가 생각하는 바로 그것이 된다."

또한 성경에서는 다음과 같은 구절이 있다.

"대저 그 마음의 생각이 어떠하면 그 위인도 그러한즉 그가 네게 먹고 마시라 할지라도 그의 마음은 너와 함께 하지 아니함이라."

잠언 제23장 7절

성경에서의 마음이란 글자는 잠재의식을 의미하는 옛 카르테아어 이다. 여기서 이 문구 전의 의미는, 당신이 자신의 마음에 지니거나, 아니면 다른 사람들에게 심어 주려면 생각이나 감정, 또는 신앙이나 인상은 그 모두가 당신의 마음속 깊이 지배하고 당신의 의식적인 모든 행동을 조작한다는 말이다.

이를 간략하게 다시 말하면, 당신의 잠재의식에 인상 지어지는 것은 형태를 가졌을 뿐 아니라 기능이나 경험으로 그리고 노출된 사실로 외부에 나타난다.

100년도 지난 먼 옛날의 퀀비 박사는 다음과 같은 말을 했다.

"인간이란 확신이 표현된 사람이다."

따라서 당신의 미래는 드넓은 공간의 화면에 영사되는 당신의 현재의 습관적인 사고방식이다. 다시 말해서 당신의 미래는 현재의 당신 사고의 형태가 성장한 것이다. 그것이 곧 대지에다 심어놓은 씨앗이 같은 종류의 수확을 산출하는 것과 같은 방법으로 완성해 간다.

모든 씨앗사고은 그 종류의 싹을 틔워 성장한다.

사업을 통하여 막대한 성공을 거둔다

어느 비즈니스맨이 나를 찾아와 자기가 하는 사업을 성공으로 이끌기 위해 어떤 기도를 할 것인가를 물었다. 그는 이렇게 말했다.

“모든 것이 헝클어져서 나는 아무래도 실패할 것 같습니다. 모든 일이 생각과는 다른 방향으로만 흘러갑니다. 아직은 최악의 사태에는 이르지 않았지만, 사업은 전혀 진전이 없습니다.”

이야기를 들은 나는 자신의 사고를 바꾸고 이를 언제까지라도 지속시킴으로써 현재의 사태를 역전시킬 수 있다는 것을 설명했다.

나의 충고를 듣고 깊이 생각한 다음 그는 스스로가 두려워하고 있었던 모든 조건을 자기 스스로가 만들어 내고 있었다는 것을 깨닫기 시작했다. 그도 당연할 것이 그의 잠재의식은 그의 습관적인 사고를 재현하고 있었기 때문이다.

나는 이 비즈니스맨에게 성공이나 번영, 또는 내부의 평화 등은 잠재의식에 그가 원하는 적당한 대상을 지정해 주면 그 자신이 그렇게 될 자격이 있다고 느끼는 대로의 보다 좋은 생활로 도달할 수 있음을 다시 지적했다.

나의 충고에 따라 그는 매일 아침 눈을 뜨면 용감하게 다음과 같은 것을 강조했다.

오늘은 하느님의 날입니다. 나는 행복과 성공과 번영과 마음의 평화를 선택합니다. 온종일 하느님의 힘으로 유도되고 내가 하는 일은 그 어떤 것이든 번영을 약속합니다. 성공, 평화, 번영, 또는 내가 선으로 생각하는 것에서 주의력이 빗나갈 때는 언제든지 내가 생각하는 그 진로를 하느님과 하느님의 사랑을 명상하는 것으로서 바로 잡습니다. 그리고 하느님이 언제나 나를 염려해 주신다는 것을 나는 알고 있습니다. 나는 정신적인 자석을 이용하여 모든 고객이 나의 상품에만 의존하도록 끌어들입니다. 나는 날마다 충실하게 그들을 서비스합니다. 내가 받아들인 것은 그 모두가 엄청난 성공을 거두고 있습니다. 우리 가게를 찾아오는 모든 손님에게 축복과 번영을 기도합니다. 이 모든 생각은 지금 나의 잠재의식 속에 침전되고 있습니다. 그리고 그것은 풍부, 안전, 마음의 평화로서 나타난다.

이 모든 것은 정녕 멋있는 일입니다.

그는 매일 아침과 밤으로 이와 같은 기도법을 이용하기 시작했다. 그리고 불과 한 달이 안 되어 그로부터 다음과 같은 편지를 받았다.

친애하는 머피 박사님.

2, 3주일 전에 박사님을 만났던 결과로 얼마나 많은 것을 얻었는가를 알리기 위하여, 그리고 또한 박사님에 대한 고마움을 전하기 위하여 나는 이 편지를 쓰고 있습니다. 나는 지금 나를 위한 모든 것, 나를 보다 건강하고 보다 행복하게, 보다 성공되게, 그리고 나를 필요한 존재로 하는 모든 것에는 권리가 있다는 것을 알고 있습니다. 예전에 나는 성공이나 번영 또는 전진을 위한 소망이란 것이 나에게 생활의 계단을 한 단계 뛰어오를 때가 왔다는 것을 알려주는, 나 속에 존재하는 하느님의 존재에 의한 충동이라고는 미처 생각지 못했습니다. 그러나 이제 나는 하느님, 즉 생명의 의지가 나를 위하여 전진하고, 극복하여 일어서고 모든 면에 있어서 위대한 일을 완성케 한다는 것을 알고 있습니다.

나를 억제하고 있던 것 중의 하나가 다른 사람이 가지고 있는 물건에 대하여 내게도 권리가 있는 것으로 알았던 것이 나의 사고방식이었다는 점을 강조해 주신 박사님에게 고마움을 전합니다. 다른 사람의 권리를 침해하거나 또는 다른 사람의 이익이나 재산이나 부를 부당하게 탐낸다는 것은 완전히 잘못된 것이라는 점을 지금 나는 알고 있습니다. 하느님은 다른 사람을 침해함 없이 생활에서 부, 행복, 성공이나 좋은 운을 나에게 내려주실 수 있다는 것을 나는 충분히 알고 있습니다.

끊임없이 박사님께서 가르쳐주신 기도를 유념하면서 대가를 지불했습니다. 그러자 나는 나의 사업이 크게 진전했다는 것을 깨달았습니다. 나는 나 자신이 한층 즐겁게, 그리고 한층 쾌활해지고 있다는 것을 느낍니다. 나는 책상 위에다 늘 한 장의 아름답게 인쇄된 카드를 마련해 두고 있습니다. 그 그림에는 성경의 다음 구절이 적혀 있습니다.

"너는 범사에 그를 인정하라 그리하면 네 길을 지도하시리라."

잠언 제3장 6절

내가 지불한 대가는 이와 같은 진리와 수락을 의미하며, 또한 이를 적용하고 항상 그에 충실하다는 뜻입니다.

운명을 비난하기를 멈추자 승진과 경제적인 여유를 찾은 남자

수개월 전 내가 가장 좋아하는 휴양지인 하와이에 있는 코나인 호텔에 머무르면서 풍경이 아름다운 수영장 옆에서 어떤 남자와 이야기를 나눈 적이 있다. 그 남자가 나에게 이야기한 내용을 간추리면 다음과 같다.

모든 일에서 벗어나려고 하와이를 찾아온 지 꼭 1주일이 됩니다. 나의 생활은 날마다 몹시 고됩니다. 아무리 열심히 일하더라도 나는 여행 따위는 생각할 수조차 없습니다. 나는 생활이 역겨워서 미칠 지경입니다. 나의 생활은 너무나 단조롭고 그저 먹고 자고 일하는 것의 되풀이입니다. 기껏해야 텔레비전이나 보는 따분한 생활이 지겹습니다. 이 모든 것은 나를 억압하는 잔혹한 운명 때문입니다. 왜냐하면 나는 그동안 너무나 열심히 일을 해왔으나 내가 생각하는 목표는 아직 멀기만 하기 때문입니다.

이 남자와 이야기를 하는 사이에 나는 다음과 같은 사실을 알았다. 즉 그는 일주일 동안의 휴가를 보내기 위해 샌프란시스코에 있는 누이에게서 돈을 빌려 이곳을 찾아왔다는 것이다.

나는 이 남자에게 다음과 같은 것을 이야기해 주었다.

"행운의 수레바퀴를 완전하게 돌려 부, 성공, 행복을 당신 자신에게 주도록 하고 생애를 통한 큰 희망을 충분히 실현해주고 간단하면서도 현실적이고 실리적인 공식을 배우십시오."

"사람이 무엇으로 심든지 그대로 거두리라."

갈라디아서 제6장 7절

이와 같은 성경의 구절이 의미하는 것을 그는 열심히 듣고 있다. 이 구절은 만약 당신이 결핍·제한·투쟁·비통·질병·경쟁 등과 같은 마음을 마음속에 심으면 그와 똑같은 것을 거둬들이게 된다는 것을 의미한다.

당신의 잠재의식은 흙과 같다는 것을 기억해야 한다. 그것은 또한 당신 마음의 뜰에 심은 어떤 씨앗생각하는 것이나 마음속에 그린 영상이다. 그것은 자신의 힘으로 성장한다. 당신이 생각하는 것을 오로지 한 군데에만 집중하여 그것이 진실이라 믿을 때 비로소 사고의 씨앗을 뿌릴 것이 된다. 그리고 당신이 자기 자신과 이 세상에 대하여 실지로 실천하고 있는 것은 당신의 마음속 보다 깊이 당신이 믿고 있는 바로 그것이다.

이 남자는 대학에서 에머슨의 철학을 공부했지만, 이를 이해하지 못한 것이다. 단지 학문으로서 읽었을 뿐이다. 에머슨은 〈운명에 관한 논문〉에서 다음과 같이 말하고 있다.

"사람은 유대가 끊긴 데서 자기의 운명을 소홀하게 다른 사람의 것으로 생각한다. 그러나 영혼잠재의식에는 그에 내려지는 사실 전부가 포함되어 있다. 왜냐하면 사실이란 영혼의 사고를 실현하는 것에 지나지 않기 때문이다. 내가 이렇게 되기를 바라고 기도하는 일은 무엇이든지 반드시 이루어진다. 모든 사건은 당신이 생각하는 모양의 복사다. 그것은 마치 당신의 피부와 같이 당신에게 밀착하고 있다."

다음은 내가 그에게 밤낮 열심히 기도하도록 알려 준 기원이다.

"하느님은 나의 친구이며, 나의 내부에는 그 어떤 상태라도 정복할 수 있는 광대무변한 힘이 있습니다. 나는 승리하기 위하여, 성공하기 위하여, 그리고 정복하기 위하여 이 세상에 태어났습니다. 아무리 어려운 일이라도 뜻대로 지배할 수 있을 때 통쾌한 스릴을 느낍니다. 나의 기쁨은 다른 사람의 권리를 어떤 형태의 것이든 결코 침해함이 없이 내가 구하고 있는 것을 정복하고 얻는 데 있습니다. 또한 내가 원하지 않는 것은 다른 사람에게도 일어나지 않기를 원합니다.

나 자신 속에 있는 광대무변한 힘은 다른 사람들의 권리에 간섭함 없이도 내가 필요로 하는 모든 행복과 행운을 나에게 줄 수 있으며 또한 실제로 주고 있다는 것을 나는 알고 있습니다. 모든 공급에 있어서, 그리고 선한 모든 것의 영원한 근원에 나는 지금 접촉하고 있습니다. 그래서 하느님의 존재는 평화와 행복과 기쁨과 성공과 번영을 나에게 이르게 하고, 또한 신성하고 정통한 방법으로 풍부하게 그것이 나타나고 있습니다. 하느님은 나에게 길을 가르칩니다. 내 속에 있는 신성한 영지를 나는 신뢰합니다. 하느님의 힘으로 나는 유도되고 진실된 생활을 영위하고 나의 마음속의 소망을 성취하도록 지도받고 있습니다."

나는 책상 옆에서 그를 위하여 이렇게 기도 했다. 그리고 그가 이와 같은 진리를 의식적으로, 깊고 변함없는 신앙으로써 긍정할 때, 이 모든 것이 잠재의식으로 침투하여 마음속에 새겨진다는 것을 이야기해 주었다. 잠재의식은 광대무변한 힘, 즉 무한대의 영지와 하나인 데서 꿈의 달성을 위하여 필요한 모든 수단을 그에게 강의할 것이며 합법적으로 비범한 방법으로 그가 그의 생활에 있어서 구하고 있는 것은 무엇이든지 얻을 수 있도록 해준다는 것을 이야기해 주었다.

이 젊은이는 자기가 잔혹한 운명의 피해자는 아니었다는 것을 깨닫게 되고 평범한 사람으로서의 생활, 가난하고 참혹한 상태의 생활을 강요당하는 운명은 아니었다는 것을 깨닫게 되었다.

그는 자신을 속박하고 있던 잘못된 관념이나 잘못된 믿음으로부터 정신적으로 벗어났다. 샌프란시스코에서 온 다음의 편지는 그의 정신적인 완전한 변화를 증명하고 있다.

친애하는 머피 박사님, 하와이의 코나인에서 박사님을 만나고 이야기를 나눌 수 있었던 것을 기쁘게 생각합니다. 나는 그때까지는 잠재의식이나 그 힘에 관하여 들은 적이 없었습니다. 나를 위하여 박사님이 가르쳐 주신 기도를 나는 지금 매일 세 번씩 되풀이하고 있습니다. 부정적인 생각이 떠오를 때는 나는 즉각 이를 추방합니다. 박사님이 한 말은 그 모두가 진실이라는 것을 깨달았습니다. 부정적으로 생각하는 타성을 버리고 지금 나는 건설적인 생각만을 하게 되었습니다.

나는 지금 '사업 경영' 과정에 출석하고 있으며, 대학에서 일주일에 3회 스페인어를 새로이 배우고 있습니다. 나는 부지배인으로 승진하였으며, 봉급도 주 50달러의 인상을 약속받았습니다.

나는 지금 오르막길을 오르고 있습니다. 나는 박사님이 쓰신 《잠자면서 성공한다》를 연구하고 있습니다. 그리고 이것이 지식의 보고인 것을 알게 되었습니다.

고맙습니다.

거래를 방해하는 장해물을 제거한 세일즈맨

2~3개월 전 뉴욕에 있는 어떤 친구에게서 편지를 받은 적이 있다. 그는 편지에서 이런 말을 했다.

"거래상의 계약을 체결하게 된 단계에 이르면 언제나 그곳에서 마치 문이 닫히듯이 모든 일이 파기되고 맙니다."

다시 말해서 유명한 고객이 완전하게 동의를 하였다고 그가 마음속에서 생각하였을 때면 언제나 돌발적인 사태가 일어난다는 것이다. 그 고객이 갑자기 병이 난다거나 또는 그의 아내가 사망한다거나 아니면 그 자신이 사고를 당한다거나, 또한 사무실에서 빠져나올 수 없고 약속이 생긴다거나,

안개 때문에 비행기가 연착하게 된다거나 하는 등의 일로 고객과 면담이 취소되고 만다는 것이다. 결국 그가 원하는 것은 어떻게 하면 이와 같은 장해를 없앨 수 있느냐 하는 것이었다.

이 사람이 고통을 느끼고 있는 유일한 장해는 그의 마음을 지배하고 있는 잘못된 신념이었다. 그는 자기 생활에 이와 같은 일이 재발하는 것을 몹시 두려워하고 있었다. 그것이 곧 가장 두려워하는 것을 경험하게 한 동기였다. 다시 말하면 지극히 명백한 형상으로서 믿고 있었던 바로 그대로의 결과가 그에게 나타난 것이다.

나는 그에게 보내는 편지에서 조화, 성공, 번영으로 이르는 방법은 그 자신 속에 있음을 이야기해 주었다. 그는 구걸도 탄원도 그리고 하느님에의 의존도 모두 필요하지 않았다. 그가 반드시 해야 할 일은 그의 정신적인 사고와 마음속에 그리는 영상의 흐름을 바꾸는 일이었다.

내가 그에게 하고 싶은 말은 다음과 같다고 말했다. 즉, 그의 사고와 그 배후에 있는 마음의 법칙에 관하여 이해할 수 있을 때 비로소 그 가치가 나타난다는 것이다. 예를 들어, 그가 비록 독립 선언이나 권리 법안을 암송할 수 있더라도 미국 정신의 참된 의미를 이해하지 못하거나 또는 전혀 알고 있지 못하는 한 전혀 무의미하다는 것이다.

나의 지시에 따라 그는 다음과 같이 그 자신의 마음을 완전히 바꾸었다.

모든 것을 창조한 유일한 마음만이 존재한다는 것을 나는 알고 있습니다. 그리고 나의 마음은 광대무변한 마음과 함께 있습니다. 이 광대무변한 힘과 떨어질 수 없는 유일한 마음을 명상합니다. 그리고 어떠한 정신적인 노력이나 긴장 없이도 내 마음속 깊은 곳으로 내 생각이나 마음속에 그린 갖가지 영상을 침전시킬 수 있습니다. 이 모든 생각이 우주를 창조한 광대무변한 힘으로 조립되고 표현되어 되돌아온다는 것을 조용히 확신합니다.

하느님은 광대무변한 마음의 힘이라는 것을 나는 알고 있습니다. 하느님은 나를 통하여 작용하고 나의 사업은 방해받음이 없고 연기될 수도 없으므로 나의 사업은 곧 하느님의 사업입니다. 모든 것을 창조한 광대무변한 힘은 스스로 창조하려는 그 모든 것을 완성합니다. 나의 사업은 하느님처럼 정확하고 완벽하게 완성되어간다. 내가 시작한 일은 모두가 결실을 보게 됩니다. 나의 최대 행복, 마음의 평화, 그리고 완성을 이루게 하는 이와 같은 생각만을 소중히 생각합니다.

그가 마음의 작용을 성실하게 깊이 이해하고 긍정하여 이상과 같은 기도를 실행한 결과 완전한 변화가 이루어졌다. 그는 이른바 장벽을 뒤엎어 거래를 성립시키고 신앙과 자신감을 가지고 한층 나은 생활을 향하여 전진하고 있다.

당신은 자기의 아이디어를 성취할 수 있다

런던의 어느 기사技師가 언젠가 나에게 이렇게 말했다.

"수년 전 내가 처음으로 이 사회에 나왔을 때 나는 나에게 주어진 세 가지 사업에서 처참한 실패를 경험했습니다. 그러자 감독은 너는 지금 실패를 두려워하고 있고, 또한 실패할 것이라고 생각하고 있기 때문에 결과적으로 실패하는 것이라고 말했습니다. 이어서 그는 내가 경험하는 것은 모두 자신의 마음속 깊이 스스로 기대하고 있기 때문이라는 것입니다. 이 말이 나의 인생의 한 가지 기회를 생각하게 해 주었습니다. 이때부터 나는 마음가짐을 완전히 바꾸었습니다. 나는 나 자신이 성공할 수 없다. 실패할 것이라고 생각했던 사실을 마음속 깊은 곳에서 인정하고 있었다는 것을 깨달았습니다. 그러자 그 순간부터 나는 성공을 믿게 되었습니다. 나의 신조는 내가 착안하고 가능하다는 것을 믿고 그 모든 것은 성취된다는 것입니다. 지금 나의 배후에는 이 토목회사의 중역이 언제나 나를 도와준다는 태도를 견지하고 있습니다."

이 토목회사 중역이 사용한 말을 기억하라.

"내가 착안하고, 그리고 가능하다고 믿는 모든 것은 반드시 성취된다."

이 말을 당신의 마음속에 새겨 넣을 것을 권한다.

이 토목회사 중역은, 그 자신 속에 하느님의 힘, 즉 모든 것에 전능하고 광대무변한 것을 주는 주된 존재가 있다는 현실을 깨닫기 시작했다. 그리고 이를 일깨움으로써 그 이전에는 절망이라 믿었던 것을 완성하는 해답과 힘, 그리고 영지를 배웠다. 그는 완성과 승리와 정복을 이야기했다. 그러자 그의 신앙이 다른 사람에게도 전염되기 시작했다. 그의 밑에서 일하는 모든 사람이 그와 마찬가지로 성공과 승리를 확신하게 되고 모두 위대한 일을 완수했다.

이 토목회사 중역이 인용한 성경의 구절은 다음과 같다.

"외치는 자의 소리여 이르되 너희는 광야에서 여호와의 길을 예비하라 사막에서 우리 하느님의 대로를 평탄하게 하라."

이사야서 제40장 3절

중요한 지침

① 소망은 하느님의 광대무변한 선물이다. 소망, 충동, 암시, 그리고 당신 속에 있는 생명의 원리가 주는 자극은 당신이 일어서고 그 누구보다 뛰어나며 보다 크게 성장하도록 이야기하는 생명의 방법이다.

② 당신은 자기 자신의 운명의 형태를 생각하고 창조한다. 당신의 습관적인 사고방식과 자기 스스로, 그리고 마음속의 영상에 의하여 당신의 미래가 결정된다. 그리고 당신의 잠재의식은 온종일 당신이 생각하는 일을 충실히 재현한다. 에머슨은 이렇게 말했다.

"인간은 온종일 자기가 생각하는 것, 바로 그것이 된다."

당신은 현재의 생각을 보다 선한 것과 바꾸라. 그러면 당신은 자신의 운명을 보다 뛰어난 것으로 바꾸게 할 수 있다.

③ 당신은 가지고 싶은 것을 얻기 위하여 그 대가를 지불해야 한다. 그 대가란 당신의 마음의 광대무변한 법칙을 배우고 당신이 생각하는 것에 주의하고 헌신하며, 그리고 소중하게 양성하는 것을 배우는 일이다. 마음의 법칙이란 당신이 주의를 기울여 매우 흥미롭게 생각하는 모든 것을 당신의 잠재의식이 공간적인 영사막에 크게 확대하여 표현하는 것을 뜻한다.

④ 당신을 지금보다도 행복하게, 보다 건강하게, 그리고 보다 성공하게 할 수 있는 것이라면 그것이 어떤 것이든 당신은 완전한 권리를 가지고 있다. 그리고 당신이 전진하려 하는 여로를 가로막는 유일한 것은, 다른 사람의 것에 당신의 권리가 있다고 생각하는 잘못된 마음가짐이다. 다른 사람의 권리를 침해한다는 것은 광대무변한 정의에 있어서 완전히 잘못된 생각이다. 당신이 자기 자신에 대해 바라는 모든 것을 다른 사람들을 위해서도 소망하라.

⑤ 광대무변한 것을 주는 그 주인이며, 당신 자신 속에 있는 하느님은 이 세상에 생명으로 태어난 모든 것의 머리카락 하나라도 건드림이 없이 생활에서 모든 부, 행복, 그리고 좋은 운을 당신에게 부여할 수 있다.

⑥ 당신을 평범한 머리를 가진 약자로서 또는 병자로서 억압하려는 잔혹한 운명은 절대 존재하지 않는다. 당신은 마음속에 뿌린 씨앗대로 거둬들여야만 한다. 당신의 마음의 뜰에 난초꽃아름다운 생각을 심으라. 당신의 생활에서 모든 경험은 단순히 당신의 생각이나 의식, 또는 잠재의식에 객관성을 부여한 것에 지나지 않는다.

⑦ 마음속에서 만들어지고 있는 잘못된 신앙이나 이상적인 공포 이외에는 당신을 억압하는 장해가 존재하지 않는다. 장해는 사람의 마음을 지배하고, 일련의 모든 고뇌를 초래하는 신앙이다. 당신의 마음의 법칙을 깊이 이해하여 그 장해를 제거하라.

⑧ 당신이 착안하고 가능하다고 믿는 모든 것은 광대무변한 마음을 통하여 성취할 수 있다.

13

마음의 장해를 극복하라

Miracle of mind pynamics

나서 자라남의 원리는 광대무변하며 널리 퍼져 있다. 당신은 날마다 꽃과 식물과 동물, 그리고 인간에게 나타나 있는 생장에서 불가사의한 원리를 보고 있다. 한 그루의 나무 씨앗은 모든 방해물을 정복해 나간다. 나무가 되기 위하여 때로는 바위를 가르는 경우도 있다. 이와 마찬가지로 당신도 모든 방해물을 정복하고 그 위에 올라서서 자라나는 기쁨을 맛보기 위하여 존재한다.

모든 문제에 정통하고, 모든 어려운 일을 해결하고, 기쁨과 행복과 승리를 획득한 생활을 경험하기 위하여 당신은 이곳에 존재한다. 당신은 어떤 도전이라도 정복하고 그 기쁨이나 만족감, 또는 승리에서 오는 스릴을 느끼게 해주는 당신의 초자연적인 힘을 일깨우고 정신적으로 알기 위하여 여기에 존재한다.

당신 자신 속에 있는 광대무변한 힘을 당신이 인정하고 자기의 환경에 대한 책임을 받아들인 그 순간에 당신은 조건을 지배하기 시작한다. 그리고 당신의 사고가 느끼는 대로 되기 시작한다.

만약 여기에 크로스 워드 퍼즐crossward puzzle이 당신을 위하여 작성되어 있고, 당신이 해야 할 일이 단지 X나 Y나 Z, 또는 N을 맞추어 넣는 일뿐이라고 한다면 당신의 생활은 그야말로 싱겁기 그지없다. 기쁨은 크로스 워드 퍼즐을 푸는 데 있다. 즉 당신 자신이 그 해답을 발견하는 데 있다. 하느님 속에서 당신의 운명이 형성되기 때문이다.

광대무변한 마음이 소유지를 파는 데 도움이 된 이야기

몇 달 전 나는 어떤 사람과 면담을 가졌다. 그는 은행 대부금이 막힌 것과 높은 이자 때문에 땅과 집을 팔려고 하는데, 쉽게 팔리지 않아 고민하고 있었다. 나는 그에게 이렇게 말했다.

"다음과 같은 격언이 있습니다. '당신이 찾고 있는 그 대상이 지금 당신을 찾고 있다.' 는 옛말입니다. 당신이 지금 땅과 집을 팔고 싶어 한다는 것은 어디엔가 이것을 사고 싶어 하는 사람이 있다는 것을 암시하는 것입니다."

그런 다음 나는 그에게 덧붙였다.

"우리들이 그 일에 관하여 기도합시다. 그리고 땅과 집이 보다 좋은 값으로 팔릴 수 있도록, 그리고 이 땅과 집을 산 사람이 당신에게 고마워하고 더욱 번영하도록 마음으로 기도합시다."

여기서 우리는 마음을 고요히 가라앉히고, 정신적으로나 육체적으로 편한 상태에서 집과 땅을 파는 일에 초점을 맞추었다. 그리고 소리를 내어 다음과 같이 기도했다.

"정당히 팔려는 사람이 어디에 있는가를 우리의 광대무변한 힘이 알고 있고, 그 마음속에 있는 무한의 영지가 팔려는 사람의 소재를 알고자 하는 일에 지금 동의합니다. 그 힘이 지금, 이 순간에 활동을 시작하고 당신들 두 사람을 연결합니다. 우리들 두 사람은 값이나 시기 그리고 팔려는 사람 모두가 정당하다고 판단합니다. 팔고 사는 것은 인간의 마음속에 있는 사고의 교환을 말하는 것이므로 그 땅과 집이 지금 하느님의 광대무변한 마음속에서 팔리고 있다는 것을 우리는 인정합니다. 그렇게 되기를 명령합니다. 또한 지금 곧 우리들의 마음속에 그와 같은 사고를 완전히 받아들입니다."

이상이 우리들 기도의 내용이었다. 그는 완전하게 이를 승낙했다. 그리고 이 기도의 결과가 아주 재미있게 나타났다.

그날 밤 그는 자신이 팔려고 하는 땅의 가격과 알맞은 금액의 수표를 어떤 남자에게서 받은 꿈을 꾸었다. 꿈속에서 그 사나이에게 그는 이렇게 물었다.

"당신은 땅과 집의 값을 모두 지불하겠습니까?"

그러자 그 사람은 쾌히 대답했다.

"네, 그렇게 하겠습니다."

그 순간에 그는 잠에서 깼다. 그리고 직감적으로 자신의 땅이 팔린 것을 알았다.

그로부터 열흘 뒤 꿈에서 보았던 그 사나이가 그를 찾아왔다. 그러고는 집이 딸린 그의 토지를 사겠다는 것이다. 사나이는 그가 요구한 금액을 정확히 지불했다. 그리고 이 금액은 꿈에서 보았던 바로 그 수표였다.

광대무변한 마음은 어디에 팔려는 사람이 있는지를 알고 있어서 꿈에서 그에게 해답을 준 뒤 나중에 이를 입증한 것이다. 당신의 보다 깊은 마음의 방법은 실제로 일어나지 않고는 발견될 수 없다.

성경에서는 다음과 같이 말하고 있다.

"이르시되 내 말을 들으라 너희 중에 선지자가 있으면 나 여호와가 환상으로 나를 그에게 알리기도 하고 꿈으로 그와 말하기도 하거니와."

민수기 제12장 6절

장애를 이겨낸 여성 실업가

나와 면담 중이던 어느 여성 실업가 한 사람이 건강과 사업, 그리고 가정 사정 등이 지극히 악화하여 도저히 극복할 수 없다면서 짜증을 내었다.

나는 그녀에게 짜증을 내는 대신 자신감을 가지고 복지와 행복을 소망하고 생활의 모든 사정과 상황에 대한 책임을 받아들여야만 한다는 것을 이야기했다.

그녀는 이야기하는 도중에 이런 말을 이야기했다.

"사업을 시작했던 최초의 2년 동안은 크게 성공했습니다. 모든 일이 순조로웠고 나의 사업은 계속 번창을 했습니다. 그러나 지금은 모든 일이 그때와 정반대의 상황입니다."

나는 그 여성에게 단순한 한 가지 질문을 했다.

"성공적이었던 그 2년 동안은 책임을 졌습니까?"

그러자 그 여성은 대답했다.

"물론 책임을 졌습니다. 나는 열심히 근면하게 일했습니다. 그리고 고객들에게 최선의 노력을 다했습니다."

나는 다시 그 여성에게 말했다.

"당신의 대답은 정확하지만 단지 당신은 그것이 노력과 두뇌의 명민함에 의한 것입니다. 하지만 당신은 지금 성공적인 사업의 공훈을 받아들이고 이를 시인할 수 없는 것입니다. 또한 당신은 실패나 건강하지 않음이나 가정의 불화 등에 대하여 책임지기를 거부하고 있습니다. 이것은 불합리한 일이며, 억지이며, 그리고 비상식적이며, 모순입니다."

그 여인은 곧 나의 이야기가 지니는 참된 의미를 깨달았다. 그 여인은 성공하여 행복하고 풍요한 생활을 보내기 위하여 광대무변한 힘을 이용할 수 있는 특권을 가지고 있다는 것을 문득 깨달았다. 그리고 성공이나 번영 때문만이 아니라 그 여인 자신의 복지나 즐거운 생활을 위해서도 그 힘을 적절히 이용하는 것은 그녀 자신의 책임이었다.

이 부인은 부동산거래에서 속임수에 말려들어 돈을 빼앗겼다. 그리고 결과적으로는 극단적인 불만을 나타내게 된 것이다. 즉 그 때문에 몹시 괴로워하게 되었다. 그리고 결과적으로 극단적인 불만을 나타내게되었다.

즉 그 때문에 몹시 괴로워하게 되었다.

만족하지 못한 반항적인 기분이 그 여인의 잠재의식 속에 숨어 있어서, 그것이 이 여인을 우울하게 하고 신경질적으로 만들었으며, 또한 경제적인 어려움으로 몰아넣고 그녀의 가슴속에서 일렁이는 영혼의 상처가 되었다.

이 여인은 생활에서의 도전을 받아들이고 그녀에게서 돈을 사기 친 사나이를 용서했다. 그 사나이는 우연하게도 이 여인의 돈을 가지고 남미에 가 있었다.

그 여인의 간단한 기도는 다음과 같았다.

"나는 그를 축복하고 그를 용서합니다. 또한 나 자신도 아울러 용서합니다. 그리고 나는 그 모든 일을 잊어버릴 생각입니다."

그러자 기도의 효과가 나타났다. 이 여인은 이미 그때 광대무변한 힘을 발견했다. 그리고 이렇게 함으로써 이 여인은 원한과 모든 질병을 극복할 수 있었다.

광대무변한 힘은 이 여인의 확신과 신앙에 따라 해답을 주었다.

내가 이 여인에게 일러 준 기도는 다음과 같았다.

"내가 생각하는 것은 현명하고 명민하며 또한 건설적인 동시에 조화로운 것이므로 번거로움이나 불만족, 또는 병이나 고통으로부터 일어나는 모든 것은 절대 거둬들이지 않습니다. 끊임없이 나의 사업이 번창하고 건강을 유지하며 원기 있고 풍요하게 모든 면에 있어서 더욱 확장해 나갈 것을 생각합니다. 이 모든 씨앗이 비옥한 대지나의 잠재의식에 뿌려지는 것을, 그래서 풍부한 수확할 것을 나는 알고 있습니다. 나는 끊임없이 모든 것에 대하여 용서와 선의와 위안의 씨앗을 뿌립니다. 그러면 광대무변한 힘이 더욱 더 좋은 상황과 한층 더 큰 경험 그리고 더 좋은 지위를 그의 해답으로써 나에게 건네준다는 것을 나는 알고 있습니다. 조화와 마음의 평화를 나는 늘 유지할 것입니다."

그 부인은 날마다 이와 같은 생각을 소중히 키워나갔다.

그러자 그로부터 3주일째 되는 그 주말에는 여러 방면의 모든 일이 새로워지게 확대되었다.

사업이 번창하기 시작했다. 새로운 친구들이 이 여인의 생활 속으로 들어와 울렁이는, 그리고 경쾌한 건강을 되찾게 되고, 쾌활한 낙천가가 되었다.

이 여인은 그녀 자신에게 광대무변한 힘의 흐름으로 인하여 생긴 경쾌하고 탄력적인 인생의 기쁨과 살아가는 즐거움을 알게 되고, 또한 고난을 이겨내는 기쁨을 절실히 느끼게 되었다.

자살을 구한 해답

지난해 언젠가 뒷골목의 어느 호텔 지배인으로부터 전화가 걸려왔었는데, 몹시 흥분한 목소리로 이렇게 말했다.

"우리 호텔에 자살하려는 손님이 들었습니다. 그는 침대에서 내려오지도 않으며, 식사도 하지 않습니다. 그러고는 심부름을 하는 아이에게 자살할 것이라는 말을 하고 머피 박사님을 불러 달라고 조그만 소리로 중얼대고 있습니다."

그러니 급히 좀 와달라는 전갈이었다.

나는 곧 남자를 찾아갔다. 그리고 그에게 이렇게 말했다.

"당신은 자살하든 또는 창문에서 뛰어내리든 그것을 이용하여 문제를 해결할 수는 없습니다. 하나의 인간으로서 당신이 그 어떤 문제보다도 위대하므로 당신은 당신이 현재 처한 그 입장에서 당신의 문제를 해결할 수 있습니다."

그러나 나는 그를 설득할 수 없었다. 그 대신 나는 나의 경험으로부터 가끔 이야기가 치유의 약이 된다는 것을 알고 있었으므로 그에게 다음과 같이 일러 주었다. 당면한 문제에서 도피하려는 행위는 로스앤젤레스에서 샌프란시스코로 도망치는 행위와 같다.

나는 이런 말을 했다.

"당신은 당신의 마음을 함께 데리고 가는 것이 됩니다. 따라서 당신의 문제가 위치하는 유일한 장소는 오로지 당신의 마음속뿐입니다."

사람은 육체뿐만 아니라 육체를 떠난 외부에서도 움직일 수 있다는 사실을 나는 그때 생각하고 있었다.

사람은 밖으로부터 자기 자신을 관망할 수 있으며, 다른 사람을 통해서 먼 거리에서 바라볼 수도 있다. 인간에 관한 이런 모든 진리는 몇만 년도 더 되는 먼 옛날부터 알려져 왔다는 것을. 그리고 인간에게는 죽음이란 것이 없으며 오직 삶 그것만이 존재한다는 것, 인간의 육체는 정신과 그 마음을 표현하기 위한 기구에 지나지 않는다는 것, 그리고 사람은 끊임없이 무한한 육체를 가진다는 것을 그에게 이야기했다.

그런 다음에 나는 듀크 대학 J. B. 라이네 박사의 옛 동료인 유명한 호넬 하트 박사의 실험과 연구한 것을 책으로 만든 것에 대하여 설명했다. 하트 박사는 육체를 떠난 인간들의 갖가지 사례와 그 사람들의 경험을 조사했다.

나는 그에게 솔직하게 말했다. 죽음이란 현재보다도 더욱 정화되어 희박하게 된 4차원의 또 다른 육체를 입는 것을 뜻하며, 지금 가지고 있는 육체를 떠나더라도 역시 같은 문제에 부닥치게 된다는 것을 이야기했다.

그리고 마지막으로 이렇게 말했다.

"그렇게 되면 당신은 새로운 육체 속에서 언제까지나 당혹하고 실패하고 곤란을 느껴야 할 것입니다. 그것은 당황스러운 생각과 마음속에 그리는 영상에 순응된 생활을 보내는 것이 되기 때문입니다."

이 남자는 광적인 흥미를 느끼게 되어 인도나 미국에서 자기의 육체를 떠나 사는 인간들의 실험에 관한 나의 이야기에 매혹되었다.

몇 번이나 되풀이하여 그는 질문했다. 그리고 끝내는 그가 참으로 바라고 있는 것은 자기가 당면한 문제를 해결하는 일이라는 것을 깨닫게 되었다.

그의 자살 콤플렉스는 자유와 마음의 평화를 구하는 열띤 소망으로부터 생긴 것이었다. 자살하고 싶다는 충동은 생명의 더욱 위대한 표현을 소망하는 마음으로부터의 기원이었다.

그는 실제로는 생명이나 정신 또는 영혼 그 모두를 파멸할 수 있다는 것을, 그리고 설사 그렇게 하려고 생각한다고 하더라도 그것은 불가능하다는 것을 깨닫기 시작했다.

인간은 곧 정신이라는 것을 나는 그에게 이야기했다. 그리고 앞으로도 사고라는 도구를 이용하도록 하고 인간이 자신의 의지에 따라 선택하는 행위에는 무한한 기쁨이나 불행이 따르기 때문이라는 것을 말했다.

이 남자의 죽고 싶다는 욕망은 생명의 비율을 한층 강화하고 싶다는 소망이었다. 왜냐하면 실제에 있어서 생명의 소멸이란 있을 수 없기 때문이다. 이 남자가 자살하고 싶다는 충동은 내가 설명했듯이 심한 정신적인 고통과 고민과 육체의 병으로 나타나는 것, 방해되는 그 모든 것 즉, 장해물을 파괴하여 없애고 싶다는 바람이었다.

이 남자가 지니고 있는 설명할 수 없는 당면 문제란 그다지 진기한 것도 아니었다.

그의 아내가 그를 버리고 다른 남자에게로 가버렸다는 그 한 가지가 불행이었다.

아내가 그 사나이와 함께 어디로 도망했는가는 그로서는 알 길이 없었다. 두 사람은 공동의 은행 계좌를 가지고 있었는데 그의 아내는 그의 곁을 떠나면서 주식과 공채증서 등 그의 재산 전부를 가지고 달아났다. 엎친

데 덮친 격으로 점포에 불이 나고 보험금은 다른 사람의 손으로 넘어갔다.

그런 일이 있은 다음부터 그는 술을 마시기 시작하고 실망하고 낙담한 나머지 형언할 수 없는 고뇌의 나날을 보내게 되고 끝내는 인생 그 자체에 종말을 고하겠다고 결심한 것이다.

그러나 그는 결국 승리했다. 고난을 정복하고 모든 장해를 이겨내기 위하여, 그리고 이에 승리하기 위하여 태어났음을 깨닫고 남자답게 용감히 자기가 당면한 문제에 도전하기로 한 것이다.

나는 그를 식당으로 데려갔다. 그리고 모든 것을 상실하였지만 재앙을 이겨내고 자랑스러운 승리감에 젖어 있는 어느 남자의 이야기를 들려주었다.

그는 목숨을 건졌다. 습관적으로 다음과 같이 기도했다.

"나를 강하게 해주는 광대무변한 힘으로 나는 모든 일에 있어서 성공할 수 있습니다. 나의 정신에는 물론 마음속에도 또한 하느님의 사랑이 충만해 있습니다. 하느님은 나에게 해답을 주시고 나의 생활을 보다 풍부하게 만들어 주십니다."

그다음 날 그는 어느 화학 공장으로 작업을 하러 갔다. 완전히 재기하고 하느님의 힘으로 정복할 것을 그는 자기 자신에게 서약하고 실제로 이를 실행했다.

그는 정식으로 이혼한 다음에 우연하게도 막대한 재산을 가진 미망인과 재혼했다.

그들은 지금 서로 지극한 사랑을 하고 있다. 하룻밤 사이에 잃었던 모든 것을 그는 되찾은 것이다.

결혼 선물로 새로운 부인이 그에게 필요한 설비가 모두 갖추어진 점포를 하나 사주었다.

그는 나에게 이렇게 말했다.

"자기 육체를 떠나 사는 인간들에 관한 박사님의 설명이 나의 생명을 구해주었습니다."

그의 목숨 전부인 광대무변한 힘에 관하여, 이를 이해함으로써 인간은 불멸이라는 것을 그는 깨달은 것이다.

이것이야말로 성경에 쓰인 그 한 방법이다.

"영생은 곧 유일하신 참 하느님과 그가 보내신 자 예수 그리스도를 아는 것이니이다."

요한복음 제17장 3절

그는 어떤 방법으로 베트남의 황야에서 벗어날 수 있었는가

최근에 나는 어느 연회석상에서 연설했다.

그러자 얼마 전 베트남에서 돌아온 한 젊은 장교가 내 옆자리로 옮겨와 자신이 겪은 체험담을 들려주었다. 전장에서의 체험담이다.

그가 탑승하고 있던 비행기가 불타기 시작함으로써, 그는 낙하산으로 탈출할 수밖에 없었다. 얼마 뒤 그는 자기가 정글 속에 떨어졌다는 것을 알았다.

그러나 때마침 어둠이 밀려와 그는 길을 찾지 못하고 허둥대고 있었다.

"그러다가 나는 나도 모르게 다음과 같은 독백을 했죠."

즉 그는 기도와도 같은 독백을 시작했다.

"여기는 지금 밤이지만, 마침내 새벽이 올 것이다. 휴식을 취할 수 있는 적당한 장소를 찾아 잠을 자기로 하자. 그러면 주님이 나의 양치기가 되리라는 것을 나는 알게 될 것이다."

이 젊은 장교는 그때를 회상하며 이렇게 말했다.

"내가 그와 같은 독백을 하였을 때 나는 모든 공포에서 해방되고 구조되리라는 것을 확신하기에 이르렀습니다."

이 젊은 장교는 어둠이 파괴되고 불꽃이 되리라는 것을 긍정했다. 공포는 암흑을 의미한다. 그를 도와준 하느님에 대한 신앙은 불꽃이었다.

다음 날 아침 그는 사냥을 나온 베트남의 농부에게 구출되었다.

요컨대 이 젊은이는 자신의 공포를 극복한 것이다. 그러자 광대무변한 힘이 그의 신앙의 기도에 해답을 주었다.

"너희 믿음대로 되라."

마태복음 제9장 29절

강박 관념과 지나친 긴장을 극복한 사장

얼마 전 샌프란시스코에서 《당신도 부자가 된다》에 대한 일련의 강연을 한 적이 있었다. 그때 내가 머물렀던 세인트 프란시스 호텔에서 나는 한 사람의 실업가와 면담을 했다.

이야기 도중에 그는 이런 말을 했다.

"나는 심각한 고민에 빠져 있고, 대단히 긴장하고 있습니다. 오늘도 또한 마치 미치광이와 같은 경쟁이 있었습니다. 나는 뭐가 뭔지 분간을 하지 못하게 되고 모든 힘이 빠진 것 같습니다."

나는 그에게 물었다.

"공포, 강박관념, 그리고 고뇌 등을 당신의 마음으로부터 독립된 존재로 생각하십니까? 아니면 늘 당신 마음에 들러붙어서 당신을 습격하고 당신에게 하여금 신경 쇠약증을 느끼게 하는 실재물이라 생각하십니까?"

그는 대답했다.

"아닙니다. 병이나 공포, 또는 고민은 나의 마음으로부터 독립되어 있지 않습니다."

나는 다시 물었다.

"내 생각으로는 당신은 아직 성경을 읽어 본 적이 없으신 것 같은데요?"

그는 급히 대답했다.

"나는 분명히 성경은 읽었습니다. 매일 밤 잠들기 전에 성경 구절을 읽었으니까요?"

나는 다시 이렇게 말했다.

"좋습니다. 그렇다면 성경에서도 가장 절실한, 병을 낫게 하는 아름다운 구절을 〈욥기〉에서 가르쳐 드리겠습니다."

그 구절은 다음과 같다.

"너는 하느님과 화목하고 평안하라 그리하면 복이 네게 임하리라."

욥기 제22장 21절

이어 나는 이렇게 말했다.

"당신은 비록 성경을 읽기는 하였으나 분명히 당신의 마음은 사업상의 부조화에서 오는 강박 관념과 긴장에 사로잡혀 있습니다. 지금 당신은 그 날의 문제나 마음의 고통으로부터 자기를 벗어나게 하고 광대무변한 힘을 실지로 깨달아야 합니다. 광대무변한 힘은 보편적이며, 우주에 모든 것을 창조한 힘이기도 합니다. 이 최고의 힘과 영지로 당신이 깨닫고 받아들이고, 그리고 구하기 시작하면 그것은 당신이 구하는 것에 응답해 줄 것입니다. 그리고 당신은 모든 근심이나 당혹을 극복할 수 있습니다. 날마다 당혹이나 고통 또는 시련에 에너지를 낭비할 필요가 없습니다. 또한 그와 같은 것들에 지배되어서도 안 됩니다. 이 모든 것을 초월하십시오. 당신 속에 있는 광대무변한 힘을 찾아 당신은 지금까지보다 더욱 강해질 수 있는 영지의 보급을 받을 수 있습니다. 그러면 당신은 그날의 시련이나 경쟁에서 이길 수 있으며 모든 문제 속에서 뭔가 좋은 일을 경험할 수 있습니다. 당신의 자신감과 고요함이 한층 돋보이게 될 것입니다."

이어 나는 이렇게 말했다.

"앞으로는 당신의 마음을 하느님의 영지와 그 힘에 집중하십시오. 그러면 당신의 마음은 고요해지고 모든 활동에 있어서 지금보다 더욱 효과적인 적일 것이다. 만약 필요하다면 다음의 성경 구절을 하루 몇천 번이라도 암송해 보십시오. 즉 다음의 구절입니다. '너희는 하느님과 화합하여 평안을 얻어라. 그러면 너희에게 행복이 이르리라.' 당신의 마음에서 노고를 제거하십시오. 그리고 당신 속에 있는 광대무변한 치유력에 당신의 주의의 초점을 맞추십시오."

그는 고마워하며 다음과 같이 말했다.

"박사님의 정신적인 약을 복용하겠습니다."

그로부터 한 달이 지났다. 나는 그로부터 전화를 받았다.

그는 몇 번이나 〈욥기〉의 성구를 사용했다고 말했다. 그는 짜증을 내거나 안절부절 못하거나 공연히 화를 내고 대신에 그는 〈욥기〉의 성구를 긍정했다.

이제 그는 마음의 평화를 얻어 자기 감정을 억제하게 되었고 긴장이나 강박 관념에서의 피해를 보지 않게 되었다.

요약—기억해야 할 진리

① 고난과 장해를 구별할 때 보다 큰 기쁨과 만족을 느낀다. 또한 이것이 곧 우리들의 정신이나 마음의 도구를 날카롭게 하는 방법이기도 하며, 우리들 자신 속에 내재하는 하느님을 발견하는 방법이기도 하다.

② 그 무엇인가를 팔려고 생각할 때는 모든 장해물을 진지하게 생각하기보다는 오히려 마음속에서 하느님의 광대무변한 질서에 따라 정당히 사려고 하는 사람에게 팔리기를 동의해야 한다.
당신이 팔려고 하는 그것은 곧 다른 사람이 또한 구하고 있다. 인력의 법칙이 구매하려는 적임자에게 팔 수 있게 해줄 것이다.

③ 사업이나 직업에 있어서 열의를 가지고 열심히 적용하겠다고 노력한 끝에 얻은 성공에는 책임을 지는 것이 상식이다. 동시에 실패나 질병, 또는 불화에 대해서 당신은 책임을 거부할 수 없다. 성공하느냐 실패하느냐, 건강이냐 질병이냐, 평화냐 고통이냐 등 이 모든 문제에 있어서 당신은 광대무변한 힘을 사용할 수 있는 자유를 가지고 있다.

④ 자살하고 싶다는 충동이나 콤플렉스를 가진 남자는 어려운 문제나 치열한 마음의 번뇌로부터 도피할 방법을 찾고 있는 셈이다. 그러나 그 모든 해답은 그 자신의 마음속에 있기 때문에 문제로부터 도피할 수 없다. 그

것은 곧 마음이며 결코 육체가 아니기 때문이다. 만약 육체를 살해하면 그는 또 다른 육체를 입게 될 것이므로 당혹하게 된다. 인간은 육체의 외부에서 산다는 것을 그에게 가르치라. 그가 이 육체를 파괴할 때는 정화되고 희박해져 제4차원의 육체를 입게 된다. 광대무변한 영지가 그의 당면 문제를 해결하고, 그를 해방할 수 있다. 그가 이것을 요구할 때, 그는 해답을 얻게 된다. 인간은 불멸이다. 영원히 살게 된다. 죽음이란 절대 존재하지 않는다. 사람은 누구나 이 세상에서 어려운 문제를 만나게 되지만 하느님의 힘으로 이를 해결할 수 있다.

⑤ 밤이 있으면 반드시 빛이 있다. 하느님의 빛은 우리들 마음의 암흑을 밝혀 준다. 마음의 암흑은 공포, 또는 절망감으로부터 비롯된다. 정신적인 정글에 빠졌을 때는 조용히 앉아서 마음과 몸을 편히 하라. 그리고 당신을 보살피고 보호하며 안전한 곳으로 자신을 인도하는 광대무변한 영지가 있다는 것을 알라. 햇빛이 당신을 비추고 그러면 모든 그림자는 자취를 감춘다.

⑥ 당신 속의 광대무변한 선한 것에 마음을 머물게 함으로써 당신은 압박이나 긴장을 극복할 수 있다.

14
광대무변한 힘과 당신의 미래

Miracle of mind pynamics

에머슨은 이렇게 말했다. "당신은 온종일 자기가 생각하고 있는 바로 그 존재가 된다." 당신은 현재 당신이 생각하고 있는 것에 따라 자기의 미래 형태를 창조하고 있다.

당신이 현재 생각하는 것을 바꾸라. 그러면 당신은 당신의 생활 전부를 새로운 것으로 할 수 있다. 당신 속에 있는 광대무변한 힘을 당신이 유도할 수 있다. 그에 의해서 당신의 생활 경험을 제어할 수 있고 마음속에 간직해 놓은 소중한 소망을 실현할 수도 있다.

생각이나 이미지 또는 아이디어나 꿈이나 영감이 떠올랐다 사라졌다 할 때 당신의 마음은 끊임없이 움직이고 있는 것이 된다.

당신의 세계는 습관적인 당신의 사고방식과 일치하여 부단히 변화하고 있다. 당신은 자기 스스로 성공이나 실패, 부나 가난, 건강이나 고통 등을 당신의 의식하는 사고와 잠재의식의 작용에 따라 창조한다.

"대저 그 마음의 생각이 어떠하면 그 위인도 그러한즉 그가 네게 먹고 마시라 할지라도 그의 마음은 너와 함께 하지 아니함이라."

잠언 제23장 7절

좋든 나쁘든 당신이 지니고 있는 생각은, 그것이 의식적으로 받아들여지기만 하면 잠재의식 속에 심어지고 그 종류에 따라 그대로 나타난다. 따라서 당신은 당신 자신의 미래를 창조하는 것이다.

새로운 미래를 어떤 방법으로 얻을 것인가

얼마 전에 큰 수술을 받은 어떤 남자를 문병했다. 그는 신장이 그 기능을 상실했다.

그는 나에게 자기를 위한 기도를 부탁했다. 그러면서 이렇게 말했다.

"이제 나에게 미래란 있을 수 없습니다. 나는 아직 40세밖에 되지 않았지만 모든 것이 끝장입니다. 우리 가족은 어떻게 되겠습니까? 나에게 남은 것은 오직 기도뿐입니다."

나는 그에게 당신의 육체나 당신의 모든 기관을 만든 광대무변한 치유력이 당신을 원상으로 회복할 수 있다는 것을 믿는 것이 곧 치유의 첫걸음이라는 것을 이야기했다. 그리고 그와 함께 다음과 같이 기도했다.

"당신의 육체와 모든 기관을 창조한 광대무변한 치유력은 당신 육체의 과정과 기능 그 모든 것을 알고 있어서 기적적으로 치유하는 힘이 당신 육체의 모든 원자에도 영향을 주어 당신을 건강하게 할 수 있다는 점에 우리는 지금 일치하고 있습니다. 당신의 모든 기관은 하느님의 아이디어이며, 그 모든 것은 지금 전능한 힘의 도움을 받아 완전한 임무를 다하고 있습니다."

약 15분 뒤 우리의 기도는 응답을 받았다. 즉 그의 신장이 활동을 시작했다.

그를 담당했던 외과의도 놀라고, 그리고 신기하게 여겼다.

그는 지금 가족들 곁으로 돌아와 완전한 건강을 되찾았다. 그는 최근 나와의 면담에서 다음과 같이 말했다.

"이제 나의 미래는 보증되어 있습니다. 나의 미래는 내가 지금 생각하는 것이 확대되어 이루어진 바로 그것입니다."

하느님의 선함과 하느님의 지도와 그 자신의 사고를 창조하는 힘을 믿는 것이 언제나 자신의 생활 속에 나타난다는 것을 그는 지금 알고 있다. 그와 같은 태도로 그는 조화, 건강, 평화, 그리고 풍요함이 충만한 미래를 자기 자신을 위하여 쌓아 올리고 있다.

미래에 대한 책임

수개월 전 나는 어떤 남자와 면담을 했다.

그는 자기가 처한 환경과 운명과 불운을 한탄하고 하느님과 그리고 그와 의견을 같이하지 못하는 그의 친척들을 비난했다.

나는 그에게 우선 당신은 하느님의 모든 재보를 이용할 수 있다는 것을 이야기했다. 하느님의 재보란 건강, 부, 사랑, 평화, 조화, 그리고 광대무변한 힘을 말한다.

요컨대 그는 생각하기에 따라 이 모든 것과 즉석에서 만날 수 있다. 그의 미래는 바로 그 자신 가까이에 와 있어서 그가 바라는 대로 될 수 있는 것이었으나 그러기 위해서는 하느님께서 주시는 것을 받아들일 수 있도록 마음의 문을 열고 있어야 한다는 것을 나는 강조했다.

다음은 내가 그를 위하여 쓴 처방의 공식이다. 나는 이것을 정신적인 그리고 영적인 약이라고 부르고 있다.

첫째, 당신의 주의를 오랜 상처, 슬픔, 원한, 그리고 마음을 괴롭히는 생각들로부터 멀리하십시오. 그리고 자책하는 마음을 중단하라.

둘째, 아침저녁으로 일정하고 정연된 건설적인 사고방식으로 조화, 풍요함, 안전, 그리고 성공에 관한 정신적인 형태를 당신의 잠재의식에 심어 놓기 위한 시간을 만드십시오.

셋째, 당장에 공포, 근심, 병, 패배, 낙담, 또는 모든 종류의 부족감을 마음속에서 제거하십시오. 이것은 당신이 곧 조화, 평화, 사랑, 기쁨, 그리고 정당한 행위나 하느님의 가르침과 같은 건설적인 사고로 바꾸는 것이 되며, 부정적인 모든 사고를 깨끗이 불살라 버리는 것을 의미하는 것입니다.

그는 이상의 정신적인 단련을 시작했다.

1개월이 지나자 그는 생활의 모든 면에서 기적적인 변화를 발견했다. 그는 이 새로운 정신적·영적인 요법이 위축됨 없이 이를 지켰다. 그가 마음가짐을 바꾸었을 때 모든 사물이 바뀌었다는 것을 깨달았다. 그의 사업은 날로 번창했다. 밤에는 아주 깊이 잠들 수 있었다. 또한 그는 다른 사람을 비난하지 않았다. 그리고 지금 발걸음도 가볍게 전진하고 있다.

그는 나에게 이렇게 말했다.

"나의 미래는, 나의 보이지 않는 사고가 보이는 것으로 바뀐 것임을 나는 인제 명백히 이해했습니다."

이 같은 진리가 그에게 자유를 부여했다.

더욱 좋아지기 위해서는 지금도 늦지 않다

최근 어느 부인에게 미래란 그녀 자신의 손안에 있는 것이며, 또한 그녀 자신의 생활이므로 문자 그대로 어떤 일이든 스스로 원하는 대로 될 수 있다는 것을 이야기해 주었다. 그 진리는 실제에 있어서 그녀가 자신의 미래를 바꾸려고 마음만 먹으면 바꿀 수 있다는 의미이다.

지금까지 이 부인은 자기의 미래는 하느님의 손안에 있고, 자기 자신의 운명을 결정하는 것이나 운명의 새로운 창조도 스스로는 불가능하다고 믿었다.

부인은 이런 말을 했다.

"나의 어머니는 하느님만이 최선의 것을 알고 있으므로 나는 단지 하느님께서 주시는 것을 받는 것으로 만족해야 한다고 말했습니다."

나는 이 부인에게 그것은 진리가 아니라는 것, 따라서 당신 스스로가 선택해야 한다는 것, 그리고 하느님 즉, 광대무변한 힘은 당신에 의하여 당신의 사고와 상상을 통과케 하는 것 이외에는 당신을 위하여서 하는 일이 없다는 것을 이야기했다.

부인은 현명한 계획을 세우고, 성실한 사람들이 자기 일을 처리하는 것과 마찬가지로 규율적이면서 능률적으로 자기 생활을 다스리기로 했다.

나는 다음과 같은 정신적인 기술을 이 부인을 위하여 요점만을 말했다. 부인은 하루 세 번씩 이와 같은 진리를 정성 들여 긍정하며 부정하는 사고를 생각하지 않음으로써 그대로 현실로 나타난다는 것을 깊이 이해하도록 했다.

나는 지금 나 자신의 미래를 설계하고 세밀하게 계획하던 중입니다.

나는 하느님의 딸로서 생각하고, 느끼고, 상상하고, 행동하고, 재연할 수 있습니다. 이 순간보다 앞으로 조화, 건강, 평화, 풍요함, 하느님의 바른 행위, 행복, 그리고 사랑을 선택합니다. 이 모든 생각이 대지에 뿌려진 씨앗과 같다는 것을 나는 알고 있습니다. 그것은 충분히 성장하기 위하여 완전한 마음가짐을 그 속에 내포하고 있습니다.

이와 마찬가지로 나의 잠재의식은 내가 나의 마음속에 묻어 놓고 있는 모든 정신적인 씨앗을 싹트게 하는 방법을 알고 있습니다. 나의 사고와 감정이 나의 운명을 창조한다는 것을 알고 있어서 나는 이를 기뻐하고 있습니다.

3주일도 안 되어 이와 같은 정신적인 기술과 기도를 계속함으로써 부인의 얼굴빛은 더욱 밝아지고 활력에 넘쳤으며, 행복과 기쁨이 그녀의 생활에 묻어나왔다.

이 부인은 그 후 젊은 물리학자와 결혼하고 세계 일주 여행을 떠났는데, 지금 그는 멋진 정신적인 생활을 경험하고 있다. 또한 부인은 그렇게 함으로써 스스로 생활을 밝고, 명랑하고, 아름답고, 사랑스럽게 만든 것이다.

부인이 자기 속에 있는 광대무변한 힘의 창조적인 배출구가 되게 한 다음부터 부인은 만족할 만한 생활을 하고 싶다는 정신적인 소망이나 요구는 현명한 방법으로 이루어질 수 있다는 것을 깨달았다.

부인은 이렇게 말했다.

"나는 하느님의 딸이며, 하느님은 나를 통하여 해방되어 자기 자신을 나타낸다는 것, 그리고 내가 나의 미래를 창조한다는 것을 알게 된 것은 참으로 멋진 일입니다."

당신은 왜 미래의 계획을 세우는가

당신은 항상 미래에 대한 계획을 세우고 있다. 왜냐하면 당신이 지금 앞으로의 일에 대하여 어떤 생각을 하고 있다면, 그것은 곧 당신이 지금 미래를 생각하고 있기 때문이다.

이와 마찬가지로 당신이 지체나 고장, 또는 미래에 대한 계획을 방해하는 장해물을 두려워하고 있다면 당신은 지금 그와 같은 일들을 생각하고 있다.

광대무변한 마음속에는 시간과 장소가 존재하지 않는다. 오직 영원한 오늘만이 있을 뿐이다. 그것은 시간이나 공간의 제약 없이 어디에나 있을 수 있는 존재이다.

주말을 즐기고 나면 우울한 월요일, 어두운 월요일이 온다는 것을 이야기하고 있는 사람들이 너무나 많다. 그 사람들은 의식적으로 자기들의 미래를 어두운 쪽으로 결정하고 있다. 그들이 어두운 월요일을 이야기하는 이상 그의 잠재의식이 이에 준하여 해답하므로 당연히 월요일에는 모든 일이 순조롭지 못하고 우울해진다.

십중팔구 그 사람들은 처음부터 계획적으로 자기들의 미래를 창조한 것이다.

자기의 미래를 진정으로 바꾸고 싶다고 생각할 때에는 당신의 생각이나 감정 행위 또는 반응을 바꿀 것을 결심해야 한다. 당신의 마음이 광대무변한 마음 일부이며, 광대무변한 힘이 선이라는 이름이 당신의 생각과 함께 있다는 것을 깨달을 때, 당신은 하느님 속에서 새로이 탄생할 수 있다.

당신은 다시 태어나고 마음을 빛나는 미래를 건설할 수 있다.

생활에 직면하는 데 필요한 것을 발견한 부인

2 ~ 3년 전 아일랜드 벨파스트에 있는 사이킥 사이엔스 대학에서 강의하는 도중에 나는 어떤 젊은 부인과 면담한 적이 있다.

부인은 나에게 이런 말을 했다.

"나는 고생스러운 생활이나 여러 가지 어려움을 처리하거나, 생활 속의 여러 가지 문제에 당면했을 때 이를 해결할 힘을 가지고 있지 못합니다. 나는 이혼했습니다. 나는 나 자신이 몹시 증오스럽습니다. 나는 선량하지 못합니다."

나는 그 부인에게 이렇게 이야기했다.

"부인의 경우는 습관처럼 되어 있는 부정적인 생각과 끊임없는 자기비판과 자책하는 마음에 쫓기는 데서 비롯된 것입니다."

이어 나는 그 모든 것이 희망이나 신앙·자신감·열의 등의 샘터를 침범하고 있어서 육체적, 정신적인 파괴를 되풀이한다는 것을 이야기했다. 이를 다시 말하면, 그녀는 정신적으로 스스로 낳은 독의 침범을 받음으로써 그 자신 속에 살고 있는 하느님 성소의 그 신성함을 더럽히고 있다는 것이다.

나는 부인에게 마음의 법칙을 설명하고, 부인은 자신의 잠재의식에 뿌리는 씨앗의 열매를 거둬들이고 있다는 것을 이야기해 주었다. 또한 부인이 다른 모든 사람과 마찬가지로 당면한 문제나 도전이나 고난을 정복하고 성공적인 생활에 이르기 위하여 이곳에 존재한다는 것과 부인은 하느님의 딸로서 굳건히 일어서고 용감하게 자신의 생활에 부딪혀 나가야 한다는 것을 덧붙였다. 또한 그 자신 속에 있는 막대한 힘, 즉 광대무변한 힘을 현실적으로 알고 이를 유익하게 사용해야 한다는 것을 이야기했다.

나는 그 유명한 비행사 리켄 바커와 그 친구들이 난파하여 뗏목으로 태평양을 표류했을 때의 이야기를 그에게 들려주었다. 리켄 바커는 그때 먹을 것을 소원하여 기도했다. 그러자 한 마리의 갈매기가 날아와 그의 머리에 내려와 앉았다. 그는 이 갈매기를 잡아 허기를 면할 수 있었다.

또한 그는 구출되기를 기도했다. 그리고 그가 구출되었다는 사실은 부연할 필요가 없다.

요컨대 리켄 바커는 자기를 보호하는 하느님의 영지와 그 힘을 믿었다. 그리고 그에 대한 대답이 그에게 내려진 것이다. 즉 당신이 믿고 구할 때 광대무변한 힘이 해답을 준다.

이 젊은 아일랜드 부인은 이와 같은 이야기에 깊은 감명을 받았다. 나는 다음과 같은 기도를 그에게 가르치고, 이 기도가 조건 반사를 그녀의 마음에 발붙이게 하는 과정이라는 것을 이야기했다.

부정적인 생각이 마음속에 떠오를 때는 언제든 그것은 곧 자책하는 마음과 자신을 두렵게 생각하게끔 하는 파괴적인 사고방식의 습관 때문이라는 것을 알고, 곧바로 자신의 정신적인 사고로써 이를 거부하도록 일렀다.

다음은 아침과 밤으로 약 10분씩 큰 소리로 되풀이하도록 내가 그녀에게 알려준 기도 내용이다.

"나는 하느님의 딸이며 하느님의 경로經路입니다. 하느님은 현재 이곳에 내가 있기를 요구하고 있습니다. 아니라면 나는 이곳에 있을 수 없었을 것입니다. 하느님의 사랑·생명·진리 그리고 아름다움을 더욱더 표현하기 위하여 내가 이곳에 존재하는 것을 나는 알고 있습니다. 나로서는 임무를 다하고, 인류에 공헌하기 위하여 이곳에 존재하는 것입니다. 나는 모든 사람에게 줄 수 있는 것을 가지고 있습니다. 나는 모든 사람, 모든 동물 그리고 하느님 세계의 모든 것에 대하여 사랑·웃음·기쁨·자신감·선의를 줄 수 있습니다. 나는 나 자신 속에 있는 하느님의 선물을 자극하기 위하여 이곳에 있습니다. 비유하건대 나는 정신적인 정원사입니다. 내가 뿌린 씨앗은 바로 그 종류의 열매를 맺고, 이것을 나는 거둬들인다는 것을 알고 있습니다. 즉 생활을 통하여 분명히 거두어들이는 것입니다. 거지에게 있어서 생활이 그 거울이라면 임금에게 있어서도 마찬가지로 거울입니다. 내가 나의 생활에 부여하는 것은 그 어떤 것이든 생활이 확대되고 증식하고 넘칠 만큼 나에게로 되돌려주는 것입니다. 나의 마음의 뜰에다 나는 평화·사랑·선의·성공·조화·기쁨이라는 멋진 씨앗을 뿌려 놓습니다. 나는 부정적이며 파괴적인 생각을 지닌 나 자신을 용서합니다. 나의 모든 친척에게 그리고 곳곳에 있는 모든 사람에게 나는 선과 사랑을 주입합니다. 일단 다른 사람을 용서하면 마음속에 그 사람들의 생각이 떠오르더라도 아무런 고통도 느끼지 않으므로 이로써 나는 자유라는 것을 알 수 있습니다. 나는 나의 잠재의식에 뿌린 멋진 씨앗이 열매를 끌어내고 있다는 것을 알고 있습니다. 내가 생각하는 것은 씨앗과 같은 형태가 되어 기능을 나타내고 경험이나 상태로서 표현된다는 것 또한 나는 알고 있습니다. 이 모든 일에 대하여 나는 생각합니다. 광대무변한 힘이 나의 사고와 함께 있고, 나는 이로써 평화롭습니다."

이 부인은 이상과 같은 기도를 나의 권고에 따라 아침과 밤 10분 동안씩 되풀이했다. 그리고 이 부인의 눈이 이와 같은 진리를 보고, 또한 그의 귀가 이와 같은 진리의 소리를 들은 것을 깨닫자 시각視覺과 청각聽覺이 서로 어울려 작용하여 부인의 확인하는 힘을 강화한 것입니다.

2 ~ 3주일 뒤 나는 이 부인으로부터 다음과 같은 편지를 받았습니다.

친애하는 머 박사님.

우리는 지금 벨파스트에서 있었던 강의에 참석한 것을 매우 기쁘게 생각하고 있습니다. 박사님은 많은 사람의 눈을 뜨게 하셨습니다. 저 또한 그 후 나에게 일어난 놀라운 변화를 박사님께 알려드리고 싶습니다.

박사님이 말씀하신 대로 나는 기도를 계속했습니다. 하루 이틀 지나자 마치 마법에라도 걸린 듯이 나의 영혼 속에 자리하고 있던 괴로움이 모두 사라지는 것을 느꼈습니다. 나는 댄스 강습에 참여했습니다. 직장에서는 판매 부문의 책임자로 승진했습니다. 또한 직장의 지배인 대리가 나에게 청혼을 했습니다. 그리고 우리는 앞으로 6개월 뒤 결혼할 것을 약속했습니다. 나는 나 자신과 친척들을 용서했습니다. 나는 지금 날마다 신선하고 보다 즐거운 나날을 보내고 있습니다.

나의 사고방식, 느낌의 방법, 그리고 상상의 방식 등으로 나 자신의 미래를 예언할 수 있다는 것을 나는 알게 되었습니다.

정말로 고맙습니다. 그럼 안녕히 계십시오.

마음을 바꾸어 운명을 변하게 한 세일즈맨

몇 달 전 어떤 세일즈맨이 나를 찾아왔다. 그는 자기 사장과의 사이가 원만하지 못한 것을 고민하고 있었다. 자기에게 맡겨진 판매 분담액을 달성하는 데 실패함으로써 직업을 잃고 생활이 궁색하다는 것이다.

2 ~ 3백 달러의 돈을 빌리려고 할리우드에 사는 누이를 찾아 10마일이나 걸어갔으나 누이는 그가 술을 끊고 여자관계를 정리하지 않는 한 단 한 푼도 빌려줄 수 없다고 거절했다.

그는 간이 숙박소에서 잠을 잤다. 그리고 그곳의 친절한 사무원이 나를 만나면 도움을 얻을 수 있을 것이라는 말을 하더라고 했다.

나는 한 시간 가까이 그와의 시간을 보내면서 그의 이야기를 들었다. 그는 울면서 자신의 슬픔이나 낙담 같은 이야기, 그리고 그 이전의 급료나 원조를 거절한 모든 가족에 대한 노여움과 불만 등을 거침없이 털어놓았다.

그는 교회의 일원으로서 모든 규칙, 교의, 교회 의식의 집행, 그리고 예배 등에 충실했다. 매주 일요일 아침에는 반드시 예배에 참석했으나 그런데도 모든 것이 그가 원하는 것과는 정반대라는 것이다. 이 젊은이는 자기의 운명을 하느님의 탓으로 돌리고 하느님마저 저주하고 있었다.

대개 이야기만으로 곧 치료되지만, 그에게는 다음과 같은 이야기를 해주었다.

"인내 있고 강하게 그리고 친절하게 교회의 규칙, 예배식, 교의 또는 영원한 견지로부터의 교회의 모든 교리를 지키고 이에 따를 수 있더라도 당신의 사고방식은 부정적이며 파괴적입니다."

만약 이 젊은이가 형벌을 주는 존재로서의 하느님을 믿고 있거나 또는 하느님은 자신에게 불공평하다는 생각을 하게 되면, 그의 신앙은 자동으로 필요 없는 말썽을 일으키게 된다는 것을 나는 이야기했다.

다시 말해서 그는 자기가 자신을 괴롭히는 존재가 됨으로써 실패·불만·불운 등을 초래하고 있었다. 이는 그가 믿는 그대로의 일이 그에게 나타난다는 것을 입증한다.

그에게 우선 첫째로는 자기가 잘못되어 있었다는 것을 인정해야 한다고 말했다. 그렇게 하면 생활의 많은 부분에 있어서 변화를 가져올 수 있기 때문이다.

내가 그에게 준 정신적이며 영적인 처방은 다음과 같다.

"위대한 세일즈맨이 된 당신 자신의 영상을 마음속에 그려보십시오. 그리고 친척이나 내가 새로운 멋진 지위로 승진하여 눈부신 성공을 거둔 당신에게 축하를 보내는 장면을 상상하십시오. 가끔 이와 같은 마음속의 영상을 관람하십시오. 그러면 당신 속에 있는 광대무변한 힘이 당신에게 고귀한 행운을 선사하고 새로운 지위로 당신을 유도 발전시킬 것입니다."

내가 권하는 것에 따를 것이라고 그는 결심했다. 사장이나 친척들 모두에 대한 원한을 즉석에서 극복할 수는 없었지만, 그는 그 사람들을 생각할 때는 항상 다음과 같이 축복했다.

"나는 당신을 해방합니다. 하느님이 당신과 함께 있기를……."

그로부터 2 ~ 3주일 뒤 그에게는 모든 악의와 모든 적의가 사라진 뒤였다.

그는 지금 로스앤젤레스에 있는 어느 유력한 단체의 관리로서 심혈을 기울여 활동하고 있다.

그는 다시 태어난 인간답게 힘과 열의에 차 있다. 이는 곧 "당신의 생각하는 것을 바꾸십시오. 그러면 당신은 당신의 미래를 바꿀 수 있습니다."

와 같은 옛 교훈의 정당성을 입증하고 있다.

요약—기억할 여러 가지

① 당신은 자기의 미래에 형태를 부여하고 새로운 미래를 창조한다. 당신의 미래는 공간적인 화면에 나타난 현재 당신이 생각하는 그것이다.

② 당신의 마음, 육체, 환경을 변하게 하는 그 첫째 요인은 당신의 육체를 만든 광대무변한 치유력이 당신을 낫게 하고, 당신의 생활에 모든 종류의 축복을 보낼 수 있다는 것을 아는 것이다. 광대무변한 힘은 정녕 위대하다.

③ 당신은 자기 자신의 미래에 대하여 책임을 져야 한다. 그리고 친척이나 하느님·생활·우주 등에 대한 비난을 중지해야 한다. 생각이나 중계자를 거쳐 즉시 광대무변한 힘과 접촉하고 당신이 원하는 미래를 형상화하라.

④ 일정하며 정연한 그리고 전설적인 사고방식에 의하여 성공, 번영, 풍요함, 정당한 행위, 조화, 그리고 충분한 표명에 관한 정신적인 갖가지 형태를 마음속에 심어 놓기 위하여 아침과 저녁 일정한 시간을 만들라.

⑤ 당신이 자기 마음속에 뿌리는 것은 그 모두가 공간의 화면을 통하여 거둬들이게 된다는 간단한 이유로 하여 당신의 미래는 자신의 손에 있다. 당신의 미래가 하느님의 손에 있고, 따라서 자신에게는 전혀 권리가 없다는 생각은, 틀린 생각이다. 당신의 생각이나 감정이 당신의 운명을 새로이 창조한다.

⑥ 당신은 항상 자신의 미래를 설계할 수 있다. 만약 당신이 지금 미래에 대하여 그 어떤 계획을 세우고 있다면, 당신은 지금, 이 순간에 마음속에서 이를 계획하고 있는 것이 된다. 이와 마찬가지로 당신이 만약 지체·장해·방해 등을 두려워하고 있다면 당신은 지금 그와 같은 것을 생각함으로써 미루고 있는 것이다.

광대무변한 마음속에는 시간도 없고 공간도 없다. 모든 것은 지금 영원으로 이어져 있다.

당신의 마음속에 지금 곧 영광에 빛나는 계획을 세우라.

⑦ 여러 가지 도전이나 당면한 문제 또는 고난에 용감히 직면하라. 문제는 거기에 있는 것이지만 하느님 또한 그곳에 있다는 것을 느끼라. 그때 비로소 어떤 문제도 하느님의 힘으로 이겨낼 수 있다.

하느님의 아들로서 당면한 문제에 대하여 대항하고 이를 해결하기 위해 용감히 사고하라. 그러면 광대무변한 힘이 즉석에서 당신을 도울 것이다. 당신이 이를 시작할 때 하느님 또한 당신을 따라 그 일을 시작하는 것이다.

⑧ 당신의 생각, 느낌, 상상, 또는 행위나 반응의 방법에 따라 당신은 자기 자신의 미래를 예언한다.

⑨ 당신이 비록 모든 규칙, 교의, 의식의 순서나 특별한 교회 예배식에 충실할지라도 그것만 가지고는 행복을 기약할 수 없다. 그것만 가지고는 때로는 비참하게 되고, 실패하고 불행해질 수 있기 때문이다.

당신만이 사고방식이나 믿음의 방법에 책임이 있다.

⑩ 당신의 사고방식을 바꾸라. 그러면 그것이 곧 자신의 운명을 바꾸는 것이 된다.

15
변동하는 세계에서 이기려면

Miracle of mind pynamics

에머슨은 다음과 같이 말했다.

"원리의 승리 이외에 그 어떠한 것도 당신에게 평화를 약속할 수 없다."

마음의 원리를 안다는 것은 당신의 평화, 침착성, 평형, 그리고 안전을 증가시키는 것이다.

예를 들어, 기사技師는 다리를 건설할 때에 수학의 원리를 따른다. 그는 압력이나 장력을 이해하고, 결코 오차 없는 불편의 원리에 근거하는 복잡한 갖가지 과학적인 계산을 이해하고 있다. 이와 마찬가지로 화학자나 물리학자나 이와 같은 힘 밑에 있는 보편적인 법칙과 원리의 지배를 받아들인다.

마음의 광대무변한 법칙과 원리를 발견하고 건강이나 행복, 그리고 정신적인 밝고 침착한 원리에 따른 생활을 해야만 한다. 마음의 법칙은 창조적이며, 그 내용은 가장 뛰어난 책인 성경 속에 반복적으로 기록되어 있다. 이것이 곧 신앙의 법칙이다.

"가라 네 믿은 대로 될지어다."

마태복음 제8장 13절

믿는다는 것은 그 어떤 것을 진실로써 받아들인다는 의미이다. 당신의 현재 의식이 참된 것으로서 받아들인 것인 이상에는 좋든 나쁘든 그 모든 것은 잠재의식이 표현한다. 당신이라는 인간은 스스로 원하여 이룩된 결과이며, 또한 스스로가 그렇게 되었으면 하고 느끼고 믿었던 그 존재이다.

그에 대한 진리를 아침과 낮, 그리고 밤으로 잘 생각하라. 그러면 변화무쌍한 현재에 있어서 당신은 평화를 얻게 될 것이다.

"끝으로 형제들아 무엇에든지 참되며 무엇에든지 경건하며 무엇에든지 옳으며 무엇에든지 정결하며 무엇에든지 사랑 받을 만하며 무엇에든지 칭찬 받을 만하며 무슨 덕이 있든지 무슨 기림이 있든지 이것들을 생각하라."

빌립보서 제4장 8절

알코올 중독자가 마음의 평화와 자유를 얻기까지

나는 몇 달 전, 아내에게는 버림을 받고 두 딸에게는 아버지로서의 권위를 상실하고 아무도 이야기하려는 사람이 없는 알코올 중독자와 면담했다.

그는 매우 낙담하여 몹시 우울한 표정이었다. 나는 그에게 알코올에서 벗어나고 싶다는 성실한 소망을 가지는 일이야말로 치유의 첫걸음이라는 것을 이야기했다. 그러자 그는 즉석에서 그렇게 할 것을 결심했다.

두 번째 단계는 그 자신 속에 있는 모든 갈망을 제거하고 악벽惡癖으로부터의 자유를 보장하는 광대무변한 힘이 있다는 것을 이해하는 것이었다.

나는 그에게, 음주의 습관을 버린 것에 대하여 내가 그에게 축하한다는 것을 믿고 그 광경을 마음속에서 상상하고 그려낸다는 간단한 정신적 기술을 하루에 몇 번씩 실행하도록 권했다. 약 4주일에 걸쳐 그는 이와 같은 방법을 되풀이했다.

마침내 이처럼 마음속에 그린 광경이 그의 경험으로 구체화하고 새로운 형태의 습관이 생겼다. 음주 습관이 사라졌다고 생각하고 느끼고 있는 사이에 정신적으로 그에 상당하는 것이 서서히 형성되기 시작했다. 그리고 마음속에 그렸던 상상된 그림이 구상화했다.

"나는 나 자신의 마음의 힘을 발견하였습니다. 음주 습관이 사라진 것입니다. 나는 지금까지는 알지 못했던 온화하고 상쾌한 기분에 젖어 있습니다. 정말로 고맙습니다."

그는 나에게 이렇게 말했다.

"너는 하느님과 화목하고 평안하라 그리하면 복이 네게 임하리라."

욥기 제22장 21절

이것은 성경의 구절이다.

이 남자는 자기 자신의 사고와 상상의 힘을 실제로 깨달았다. 그러자 그 자신 속에 있는 광대무변한 힘이 그에 응답했다. 마음의 원리를 발견하여 그 원리를 당신의 생활 속에 건설적으로 이용할 때 당신에게 평화가 찾아온다.

고통을 잊고 평정을 되찾은 여성

수개월 전 나는 지방 병원에 입원해 있는 어떤 부인을 문병했었다. 부인은 심한 고혈압과 대장염으로 괴로워하고 있었다.

이 부인은 자기가 오래전에 저지른 잘못과 허물 그 모두를 하나하나 헤아리며 자신의 어리석음을 책망하고 있었다. 부인은 회사에 있어서 남몰래 자기를 비방해 또 다른 한 여사원을 몹시 혐오했다는 이야기를 나에게 들려주었다. 부인은 잠재의식 속에서 서로 뒤엉킨 파괴적인 감정 때문에 완전히 밀폐된 상태에 있었다.

얼마 동안 나는 부인과 함께 조용히 앉아 있었는데, 마침내 나는 미국 심리학계의 아버지라 불리는 윌리엄 제임스의 이야기를 들려주었다. 즉, 그가 남긴 다음의 말이었다.

"천재의 특징은 무엇을 큰 안목으로 볼 것인가를 알고 있다는 점이다."

이 말뜻은 만약 당신이 완전히 건강을 되찾고 평정한 마음을 원한다면 우선 과거를 잊어야 한다는 것, 즉 모든 것을 용서하고 잊어버려야 한다는 것이다.

나는 성경의 한 구절을 인용하고 그것이 몸과 마음의 건강에 도움이 되는 가장 위대한 치료법의 하나라는 것을 강조했다.

"형제들아 나는 아직 내가 잡은 줄로 여기지 아니하고 오직 한 일 즉 뒤에 있는 것은 잊어버리고 앞에 있는 것을 잡으려고 푯대를 향하여 그리스도 예수 안에서 하느님이 위에서 부르신 부름의 상을 위하여 달려가노라."

빌립보서 제3장 13절 ~ 14절

나는 부인에게 이야기했다.

"당신이 구하는 상여란 곧 마음의 평화를 가리킵니다. 만약 마음의 평화를 얻을 수만 있다면 당신은 또한 육체의 균형과 안정을 얻을 수 있습니다. 평화는 균형, 평정, 침착을 의미하고, 그 모든 것을 무한한 것의 생명, 즉 하느님과 한 몸이라는 감각에 기인하고 있는 것입니다."

예수는 병자들에게 이런 말을 했다.

"딸아 네 믿음이 너를 구원하였으니 평안히 가라."

누가복음 제8장 48절

그 이유는, 그들의 마음이 혼란되어 균형을 잃었고, 마음속에 갈등과 노여움으로 가득하였기 때문이다.

나는 이 부인에게 광대무변한 힘이 지시하는 방향으로 되돌아가 헤아릴 수 없는 평화를 발견할 수 있으며, 마음의 평화는 생활로부터의 현실 도피나 물러남이 아니라는 것을 이야기했다. 현실 도피나 물러남이기보다는 오히려 당신이 다른 사람의 행복에 참된 관심을 가지는 건설적인 마음의 태도이며, 또한 당신이 독창력이나 사랑으로 충만한 모든 사람에 대하여 선의에 넘친 활기 있는 창조력을 가진 사람이라는 것을 나타내는 것이다.

나는 부인에게 다음과 같이 기도할 것을 일러 주었다.

"나를 이렇게까지 괴롭힌 모든 사람을 용서합니다. 영원히 그들을 해방합니다. 그 사람 중의 누군가를 생각할 때는 항상 나는 그 사람을 축복합니다. 나는 과거를 잊고 완전한 건강과 조화와 평화로 빛나는 미래로 향해 나아갑니다. 나의 마음은 침착하며 맑고 고요합니다. 나를 에워싼 평화와 선의의 아름다운 분위기에 젖어서 나는 더 깊이 지속하는 힘을 느끼며, 모든 공포로부터 해방된 것을 깨달았습니다. 지금 나는 광대무변한 치유의 존재와 그의 사랑과 아름다움을 깨닫고 느끼고 있습니다. 나의 평화는 더 깊고 불변하는 광대무변한 평안, 즉 하느님의 평안입니다."

날마다 부인은 이상과 같은 기도를 계속했다.

약 2주일 뒤 내가 다시 부인을 문병하였을 때 부인은 병의 상태가 크게 호전되었다는 것을 느끼고 몹시 기뻐했다. 그리고 그 다음날 부인은 병원 측으로부터 퇴원해도 좋다는 통보를 받았다.

"나의 병은 증오에 기인하였다는 것을 알았습니다. 나는 지금 나 자신의 마음속이 맑디맑은 것을 느끼고 있습니다. 평안, 그것이야말로 건강이며 행복이라는 것을 깊이 깨닫고 있습니다."

참된 안정을 얻은 경영자

2 ~ 3년 전 호놀룰루에서의 강연이 끝난 다음 한 저명한 실업가가 나를 찾아왔다. 그는 지금 매우 중대한 문제를 안고 있어서 나의 도움이 필요하다는 것이다. 그러면서 그는 나를 식사에 초대했다.

그는 세련되고 절도 있는 백만장자로서 상식도 있고, 또한 지극한 평안 속에 있는 듯이 보였다. 그러나 깊이 이야기하고 있는 사이에 나는 그가 자신의 마음속에 적의와 원한, 그리고 압박된 분노 등을 가득 채우고 있어서 마치 끓고 있는 큰 냄비 속과 같다는 것을 알 수 있었다.

그는 감상적으로 나에게 물었다.

"마음의 평화를 얻을 수 있습니까? 해맑은 마음을 찾기 위해서는 어떻게 하면 좋을까요? 어떻게 하면 그것을 믿을 수 있습니까? 나는 밤에 잠을 이룰 수 없는데, 어떻게 하면 깊이 잠들 수 있습니까?"

물론 나는 그에게 기초적인 평정과 정적을 얻는 방법을 이야기한 다음에 다음과 같이 말을 했다.

"참된 힘은 내부의 정적으로부터 태어나며 고요하고 맑은 마음은 여러 가지 많은 일을 성취해 줍니다. 하느님은 곧 평화이며, 하느님은 당신이라는 인간의 중심부에 자리합니다. 성경에는 다음과 같이 쓰여 있습니다."

"평안을 너희에게 끼치노니 곧 나의 평안을 너희에게 주노라 내가 너희에게 주는 것은 세상이 주는 것과 같지 아니하니라 너희는 마음에 근심하지도 말고 두려워하지도 말라."

요한복음 제14장 27절

이어 나는 이렇게 말했다.

"날마다 사업상의 고통이나 투쟁의 한가운데 있을 때 믿고 자신을 가지고 마음이 언제나 하느님께 머물도록 하십시오. 그러면 평화라는 이름의 하느님의 황금의 냇물이 당신의 마음속에 흐르는 알 수 있을 것입니다. 당신이 가지고 있는 최선의 것을 당신의 사업에다 투입하십시오. 독창적인 힘을 발휘하십시오. 그러나 생활의 선한 것을 촉진하십시오. 당신이 자기 자신을 위하여 바라는 것을 다른 모든 사람을 위하여 소망하십시오. 이웃 사람들의 목적에 당신의 재능과 능력을 빌려주십시오. 당신은 지금 매우 자기 자신에게만 열중하고 있습니다."

나는 다시 이야기를 계속했다.

"내가 당신에게 가르친 성경 구절을 암기하십시오. 그리고 매일 아침 일을 시작할 때 사무실에 앉아서 이와 같은 광대무변한 진리를 긍정하십시오. 그것들 속에 있는 치유의 특질 있는 것이 당신의 마음과 육체 속의 그 모든 원자를 통하여 흐르고 있다는 것을 알게 될 것입니다."

마침내 그가 대답했다.

"나는 이미 지금까지 훨씬 더 기분이 좋아진 것을 느낍니다. 내가 당면한 문제가 무엇이며, 그에 대한 해답이 무엇인가를 알았습니다. 그 해답은 나의 마음의 당면한 문제가 아니라 마음을 하느님 곁에 머물게 함으로써 자기 자신의 평화를 보장하는 것입니다."

지난해 내가 다시 하와이를 방문하였을 때 그 사람을 또 만났다.

그는 완전히 새로운 사람이 되어 있었다. 그는 자기 자신 속에서 맑디맑은 평안을 발견했다. 즉, 그의 집을 둘러싼 담장을 이처럼 아름다운 영혼을 감동하게 하는 정신적인 보석으로 꽃피게 했다.

"주께서 심지가 견고한 자를 평강하고 평강하도록 지키시리니 이는 그가 주를 신뢰함이니이다."

이사야서 제26장 3절

환경에 좌우되지 않기 위해서는 에드위 말컴의 말을 외치라.

"정적의 중심점은 하늘을 가르는 태풍의 중심에 있다."

비행사들은 커다란 회오리바람이나 태풍 속에는, 곧장 그 중심으로 뛰어들면 정적과 고요가 있다는 사실을 알고 있었다.

당신의 중심부에도 모든 희열, 완전한 평화, 무한한 사랑, 완전한 조화, 그리고 모든 기쁨의 근원인 광대무변한 힘이 깃들어 있다.

광대무변한 영지의 좋은 점이나 아름다운 점에 정신적이며 감정적으로 파장을 맞추라.

그러면 당신은 용기를 얻게 되고 원기를 보충받아 고요해진다는 것을 알게 된다.

당신의 마음은 외부 세계로부터 들어오는 모든 정보, 의견, 그리고 부정적인 인상에 대하여 감수성 예민한 중간 물이다. 이들 인상 속에는 어느 정도 선한 것이 있지만 대부분은 지극히 부정적이다. 당신 마음의 광대무변한 힘에 파장을 맞추어 현명한 판단력을 발휘하지 못할 경우 부정적인 인상이 뿌리를 내리게 되고 병이나 혼란, 공포와 까다로운 상황이 발생하게 된다.

세상 사람들의 추세인 마음은 선과 악, 그 양쪽 힘을 믿고 질병이나 고뇌, 그리고 불운이나 모든 종류의 파국을 믿고 있다. 만약 당신이 이와 같은 속된 사람들의 믿음을 인내하고, 광대무변한 힘에 파장을 맞추는 일을 가볍게 여기면 당신은 재난과 시련과 고통을 감수해야만 한다.

성경에는 이렇게 말하고 있다.

"세상에서는 너희가 환난을 당하나 담대하라 내가 세상을 이기었노라."

요한복음 제16장 33절

용기를 내라. 광대무변한 힘을 알고, 당신의 모든 문제를 정복하라. 지금 곧 당신의 마음을 조화와 평화, 사랑, 기쁨, 그리고 정당한 행위로 충만하게 하라. 당신에게 선천적으로 준비되고 있는 하느님이 주는 온갖 힘을 알도록 노력하라. 그것은 치유하고, 축복하며, 고무하고, 높이고, 위엄을 주어 당신의 영혼을 기쁨으로 가득 차게 하는 여러 가지 생각에 주의하고, 헌신하며, 애정을 지니도록 해 줄 것이다.

당신은 늘 당신의 마음을 지배하고 있는 생각 쪽으로 움직이게 된다.

광대무변한 힘과 당신에게 답을 주는 치유의 존재를 깨달아라. 그에 대한 신뢰가 당신의 마음, 당신의 영혼에 넘치게 될 때 당신은 모든 장해를 극복하여 자기 자신을 높이고 당신 속에 있는 휴식을 위한 항구에 머물게 된다. 그리고 당신은 하느님의 광대무변한 힘을 이용하면 이 세상 모든 것이 가능하다는 신념을 지켜나갈 수 있는 것이다.

어려움에 직면하여 이와 같은 마음가짐을 유지할 때 당신은 세상반대의 신념이나 현재의 공포, 또는 그릇된 신앙을 정복할 수 있다. 그때 당신은 〈시편〉의 작자가 말한 사람처럼 존재하게 될 것이다.

"그는 시냇가에 심은 나무가 철을 따라 열매를 맺으며 그 잎사귀가 마르지 아니함 같으니 그가 하는 모든 일이 다 형통하리로다."

시편 제1편 3절

격동하는 세월 속에서 침착을 얻기 위한 기도

평화는 나와 함께 시작한다. 광대무변한 힘의 침착과 평화가 나의 마음속에 가득하다. 선의의 정신은 나에게서 모든 사람에게로 퍼져나간다. 나는 가장 높은 신비스러운 곳에 살고 있다. 내 가족과 동료들, 그리고 모든 곳에 위치하는 사람들이 여러 면에서 하느님의 힘으로 행복하고 번영된 생활을 할 수 있게 그리고 조리 있게 인도되기를 마음속으로부터 애정을 담아 요구한다.

광대무변한 평화의 냇물이 나의 마음과 영혼 속으로 흐르고 나는 평화와 신의를 모든 곳에 있는 사람들에게 확산한다. 나는 항상 옳은 행위와 하느님의 사랑 속에 있는 무한한 세력 안에 에워싸여 있다.

광대무변한 영지인 하느님의 총명이 나의 지혜에 영광을 주어 맑게 해준다는 것을 자신과 신념을 가지고 긍정하고 이를 용감히 요구한다. 더 높은 곳의 가르침을 나는 받고 있다.

불화가 있는 곳에 조화를, 고통이 있는 곳에 평안을, 증오가 있는 곳에 사랑을, 슬픔이 있는 곳에 기쁨을, 죽음이 존재하는 곳에 생명을 나는 지금 보고 있다.

모든 사람이나 친구들이 나의 기도 속에 함께 있다. 그리고 하느님의 세력은 그 모든 사람에게 전부 미치고 있다. 만약 어떤 사람과의 불화가 있을 때 나는 그 사람을 가볍게 용서한다. 나는 완전히 모든 고통, 그리고 모든 적의를 해방한다. 다른 사람 속에서 하느님의 모습을 보고 그 사람들을 위하여 건강, 행복, 평화, 그리고 광대무변한 영지의 축복을 나는 소망한다.

나는 아낌없이 나의 사랑, 나의 이해, 나의 부를 나누어 주며 하느님의 지시에 따라 무한의 재보를 다른 사람들에게 분배한다.

헤아릴 수 없는 하느님의 평화가 나의 정신과 마음속에 지금도 그리고 영원히 충만할 것이다.

내가 보는 그 모든 것이 변화하고 시들지만 변하지 않는 당신만은 나와 함께 영원하리라.

요약—기억해야 할 중요점

① 광대무변한 원리의 승리 이외에는 어떤 것도 당신에게 평화를 약속하지 못한다.
당신의 마음속에 있는 광대무변한 힘의 법칙을 배우고 평화, 침착, 균형, 평정, 그리고 발전을 경험하라.

② 당신의 존재는 당신이 생각하고 있는 바로 그것이다. 당신은 스스로 그렇게 되기를 바랐던 그 존재이다. 왜냐하면 마음의 법칙은 곧 신앙의 법칙이기 때문이다.

③ 당신은 기도에 대한 해답을 얻고, 친구나 사랑하는 사람들이 당신에게 축하의 말을 보내는 모습을 상상할 수 있다. 그리고 당신의 마음속에 이따금 영화를 상영하여 마음속의 사진을 늘 믿고 있으면 당신은 당신이 그렸던 심상을 이룰 수 있으며 현실적인 그 해답을 얻을 수 있게 된다.